西田文信 編

ゾンカ語
基礎1500語

東京　大学書林　発行

はしがき

ゾンカ語は、東ヒマラヤに位置する仏教国であるブータン王国の公用語として同国で広く話されている。17 世紀以来ブータン西部で話されてきたンガロン（「西の人」の意）方言を母体として形成された、ブータン王国の公用語であり標準語として政府が使用を奨励している言語である。上述の通り元来は、ブータン王国の西部の言語であり、現在ではブータン王国に 20 あるゾンカック（日本の都道府県に相当する行政単位）のうち、ティンプー県、プナカ県、パロ県、ワンデュ・ポダン県、ガサ県、ハ県、ダガナ県、チュカ県の 8 県で話されている言語である。現在では同国のリングア・フランカ（共通の母語を持たない人同士の意思疎通に使われている言語）として用いられている。

ゾンカ語は、ブータン王国西部の 8 つの県で母語として話されているのと同時に公用語として広く同国で用いられてはいるものの、現時点では複雑な事情を抱えている。「母語としてブータン西部で話されているゾンカ語」と「公用語としてブータン全体で話されて

〔 Ⅱ 〕

いるゾンカ語」では、発音・単語・文法の各面である
程度の差異がある。本書では、後者の公用語としての
ゾンカ語を収録した。

　また、生活語彙として、仏教関係の語彙に重点を置
くよう心がけた。

　本書の出版にあたり、私のゾンカ語の師である
George van Driem 教授とゾンカ語の専門家としてゾン
カ語の語彙情報をご教示くださった Pema Wangdi
氏、生き生きとした表現を数多く教えてくださった
Phuntsho Dorji 氏を始めとするコンサルタントの方々
ならびに出版の機会を提供していただいた大学書林の
佐藤歩武氏に衷心より感謝の意を表する次第である。

平成 28 年 7 月

編　者

ゾンカ語の世界

1. ゾンカ語を話す人々とゾンカ語について

　ゾンカ語は、東ヒマラヤに位置する仏教国である
ブータン王国の公用語として同国で広く話されていま
す。17 世紀以来ブータン西部で話されてきた、ガロン
（「西の人」の意）方言を母体として形成された、ブー
タン王国の公用語であり標準語として政府が使用を奨
励している言語です。上述の通り元来は、ブータン王
国の西部の言語であり、現在ではブータン王国に 20
あるゾンカック（日本の都道府県に相当する行政単位）
のうち、ティンプー県、プナカ県、パロ県、ワンデュ・
ポダン県、ガサ県、ハ県、ダガナ県、チュカ県の 8 県
で話されている言語です。現在では同国のリングア・
フランカ（共通の母語を持たない人同士の意思疎通に
使われている言語）として用いられています。

　Drukke, Drukha, Dukpa, Bhutanese, Jonkha, Lhoke,
Lhoskad, Hloka, Lhoka, Bhotia of Bhutan, Bhotia of
Dukpa, Zongkhar, Zonkar とも称されるこの言語は、語
源から言うとブータンに存在する 20 の政庁・寺院を
兼ねる「ゾン（＝城砦）」で使用される「カ（＝口、

〔 Ⅳ 〕

言語の意味)」を意味します。ブータン王国では、学校教育はゾンカ語を除いて全科目英語で行われていることもあって、小学生でも流暢な英語を話しますが、英語が普及しすぎることによって自国の文化が廃れることを恐れて近年は積極的なゾンカ語の普及政策を計っています。ブータンには 38,394 平方キロメートルの国土に 687,000 人（2008 年センサスによる）の人々が居住していますが、ゾンカ語を母語とするのは総人口の 20 〜 30％であると考えられています。

　言語系統は、シナ・チベット語族のチベット・ビルマ語派、チベット・ヒマラヤ語群に属する言語で、チベット語の南部方言に分類されると考えられています。最も系統関係が近い言語は、かつて存在したシッキム王国の国語であるシッキム語であると考えられています。

2. 発音の手引き

ཀ k	ཁ kh	ག g	ང ng
ཅ c	ཆ ch	ཇ j	ཉ ny
ཏ t	ཐ th	ད d	ན n
པ p	ཕ ph	བ b	མ m
ཙ ts	ཚ tsh	ཛ dz	ཝ w
ཞ zh	ཟ z	འ a	ཡ y
ར r	ལ l	ཤ sh	ས s
ཧ h	ཨ ’a		

འི i	འུ u	འེ e	འོ o
ཨི ’i	ཨུ ’u	ཨེ ’e	ཨོ ’o

注

1) アポストロフィー（’）は高声調を表す。

2) ウムラウト付きの母音（ö, ü, ä）はそれぞれ［ø］,［y］,［ε］を表す。

3) アクサンシルコンフレクス付きの母音（â, ê, î, ô, û）は長母音を表す。

4) /c/ は［ʧa］, /j/ は［ʤa］を表す。

5) 括弧付きの音節頭子音（b, p 等）は発音されないことがあることを表す。

〔 Ⅵ 〕

子音については以下に少しく解説します。

/p/ [p]：日本語のパの子音にあたる音です。pε:ma [ペーマ] 蓮、pa:shing [パーシンッ] 竹

/ph/ [pʰ]：日本語のパの子音を息を強く出して「パ˰」というつもりで発音します。pha:p [パ˰ープ] 豚、pha:u [パ˰ーウ] オオカミ

/b/ [b]：日本語のバの子音にあたる音です。ba [バ] 雌牛、bo:m [ボーム] 大きい

/t/ [t]：日本語のタの子音にあたる音です。ta [タ] 馬、ta:ko [ターコ] 首

/th/ [tʰ]：日本語のタの子音を息を強く出して「タ˰」というつもりで発音します。thali [タ˰リ] 皿、thab [タ˰ブ] かまど

/d/ [d]：日本語のダの子音にあたる音です。dari [ダリ] 今日、de [デ] あれ

/ts/ [ʦ]：日本語のツァの子音にあたる音です。tsop [ツォップ] 汚い、tsam [ツァム] およそ

/tsh/ [ʦʰ]：日本語のツァの子音を息を強く出して「ツァ˰」というつもりで発音します。tsha [ツァ˰] 塩、tshachu [ツァ˰チュ˷] 温泉

/dz/ [ʣ]：日本語のヅァの子音にあたる音です。

dzongkha［ヴォンッカハ］ゾンカ語、dza:u［ヴァーウ］おやつ

/tr/［ʈ］: 舌をそらせて日本語タの音を発音します。

trashi［タシ］吉祥、tre:ni［テーニ］引っ掻く

/thr/［ʈʰ］: 舌をそらせて日本語のタの子音を息を強く出して「タハ」というつもりで発音します。

thra:［タハー］/ 血、thräl、thrim［ティヒム］法律

/dr/［ɖ］: 舌をそらせて日本語ダの音を発音します。

dru［ドゥ］船、dribma［ディブマ］影

/c/［c］: 日本語のチャの子音にあたる音ですが、摩擦させるように発音します。ca:［チャー］髪、cu:p［チュープ］酸っぱい

/ch/［cʰ］: 日本語のチャの子音を息を強く出して「チャハ」というつもりで摩擦させるように発音します。chu［チュッ］群れ、chim［チヒム］家

/j/［ʤ］: 日本語のヂャの子音にあたる音ですが、摩擦させるように発音します。jang［ヂャンッ］壁、jigten［ヂグテン］世界

/k/［k］: 日本語のカの子音にあたる音です。ka:p［カープ］白い、ka:［カー］小麦

/kh/ [k^h] : 日本語のカの子音を息を強く出して「カ $_{ハ}$」というつもりで発音します。

kha [カ $_{ハ}$]/ 口、言語、表面、khe [ケ $_{ヘ}$]利益

/g/ [g] : 日本語のガの子音にあたる音です。ga:ki [ガーキ]平和と幸福、go [ゴ]扉

/s/ [s] : 日本語のサの子音にあたる音ですが、摩擦させるように発音します。

se: [セー]金、se:p [セープ]黄色

/sh/ [ɕ] : 日本語のシャの子音にあたる音ですが、摩擦させるように発音します。sha [シャ]肉、shi: [シー]シラミ

/z/ [z] : 日本語のザの子音にあたる音ですが、摩擦させるように発音します。zur [ズル]角、zam [ザム]橋

/zh/ [ʑ] : 日本語のジャの子音にあたる音ですが、摩擦させるように発音します。zha: [ジャー]夜、zho [ジョ]ヨーグルト

/m/ [m] : 日本語のマの子音にあたる音です。mar [マル]バター、mi [ミ]人

/n/ [n] : 日本語のナの子音にあたる音です。na:p[ナープ]黒い、ni [ニ]これ

/ny/ ［ɲ］ : 日本語のニよりも後ろ側に舌先をつけて発音する子音です。nyi［ニィ］2、nyima［ニィマ］太陽

/ng/ ［ŋ］ : 日本語の鼻濁音の要領で発音するンガの子音にあたる音です。nga ［ンガ］5、ngültram［ングルトラム］ニュルタム（ブータンの通貨単位）

/w/ ［w］: 日本語のナの子音にあたる音ですが、摩擦して発音します。 wa ［ワ］桶、wangshuk［ワンゲシュック］力強さ

/y/ ［j］ : 日本語のヤの子音にあたる音ですが、摩擦して発音します。yi tro［イト］嬉しい、yum ［ユム］お母様

/l/ ［l］: 英語の l の子音にあたる音ですが、こもった感じで発音します。lu ［ル］ 歌、li ［リ］洋ナシ

/lh/ ［l］: 英語の l の子音にあたる音ですが、下の両側から息を出して発音します。lha［ラ］神、lho［ホ］南

/r/ ［ʐ ～ ɽ］: 英語の r の子音にあたる音ですが、巻き舌気味に発音します。ri ［リ］ 山、ruto［ルト］骨

/rh/ ［ʐ^{h} ～ ɽ^{h}］: 英語 r の子音にあたる音ですが、下

の両側から息を出して発音します。 rham［ラム］取り壊す、hri:p［リープ］全ての

/h/［h］: 日本語のハの子音にあたる音ですが、摩擦して発音します。hasa:［ハサー］早く、

hi:ku［ヒーク］しゃっくり

また、ゾンカ語には以下のような子音連続が見られます。

pc/［ptɕ ~ mtɕ］: 日本語のパとチュを連続して発音します。パがマに変わることもあります。

pca［プチャ］猿、pcim［プチム］砂

/pch/［ptɕʰ ~ mtɕʰ］: 日本語のパと息を出すチュハを連続して発音します。上記同様パがマに変わることもあります。pchup［プチュフップ］裕福な、pchi［プチヒ］小麦粉

/bj/［bdʑ ~ mdʑ］: 日本語のブとヂャを連続して発音します。bja［ブジャ］鳥、bjang［ブジャング］蜂蜜

〔 XI 〕

アクセント

　ゾンカ語には高低の高さアクセントが2種類あります。清音が高アクセント、濁音・鼻音が低アクセントとなります。p, t, tr, k, t, c, s, sh, で始まる音節に関しては、高低2種類の可能性があります。本書では高いアクセントは ' で表すことにします。

【特に取り出した表現】

挨拶の表現

　ゾンカ語の挨拶には以下のようなものがあります。

kuzû zangpo	こんにちは
kuzû zangpo la	こんにちは（丁寧な言い方）
gadebe yö:	元気ですか？
na gadebe shu yö:	お元気ですか（丁寧な言い方）
jö:npa lekso	ようこそ
ka:drinche	ありがとう

【文法概説】

人称代名詞

ゾンカ語には以下のような人称代名詞があります。

	単数	複数
1人称	nga ンガ	ngace ンガチェ nga-chachap ンガチャハーチャハップ
2人称	chö: チョー na ナ（敬語）	chɛ: チェー chɛ:-chachap チェーチャハーチャハップ na:bu ナーブ（敬語）
3人称	男性：kho コホ 女性：mo モ na ナ（敬語）	khong コホング na:bu ナーブ（敬語）

1人称では複数形に2種類ありますが、意味の差はありません。

2人称では、年上や目上の人に対しては敬語の na を用います。

3人称は単数形で男性・女性の区別がありますが、複数形ではありません。

敬語の na ナと na:bu ナーブは2人称・3人称で用いられますが、文脈で判断されます。

〔XIII〕

語順

　ゾンカ語の語順は、形容詞および指示代名詞が被修飾語のあとにつくこと以外は、日本語と大体同じと考えてよいでしょう。

名詞述語文

　名詞述語文：名詞述語文は主語＋述語名詞句＋判断動詞（英語の be 動詞に当たる要素）の順で作られます。

　　nga drukpa　'ing

　私（は）　ブータン人　です。

判断動詞 'ing

　ゾンカ語には 'ing と 'immä: という 2 種類の判断動詞があります。英語の be 動詞に当たる要素と考えていただいて構いませんが、ゾンカ語では主語を省略することが多いためこれらの判断動詞は文の主語を明確にするために用いられます。両者の使用状況をまとめると以下のようになります：

'ing　　長期間の観察、経験、旧情報、話者にとってな

じみ深い知識に基づいた発話

'immä: 短期間の観察、新情報、話者にとって新しく得
られた知識に基づいた発話

真偽疑問文

　ゾンカ語の疑問文の作り方は2つの方法があります。

　a. 真偽疑問（「はい」「いいえ」で答えられる疑問文）
　　は肯定文の後に疑問接辞を付けます。

　b. 疑問語疑問は疑問詞を用います。

　この課では -na が用いられていますが、ゾンカ語で
はこの他に -ga, -ya などの疑問接辞があります。

　一般的には -ga, より親しみを込めたいときは -ya, 丁
寧に質問したいときは -na を用います。

kho drup 'imbe-ga

彼はブータン人ですか？

mo drup 'imbe-ya

彼女はブータン人ですか？

〔 XV 〕

判断動詞の否定文

　ゾンカ語判断動詞には以下のような肯定形と否定形
があります。

　　肯定形　　　　否定形

　　'ing　　　　　meng

　　'imbe　　　　membe

疑問語疑問

　ゾンカ語には以下のような疑問詞があり、疑問語疑
問文で用いられます。

　ga 誰、gaci 何、gaci-be、gade-be どう、いかが、gade、
どこ、nam いつ、gade(m)ci いくら

　chö: gachi be ngachi drukgekhap gau mo?

　あなた　どうして　私たちの　国　好きです

　chö:gi lopen ga mo?

　あなた　先生　誰　です

　chø: lo gadem ci mo?

　あなた　歳　いくつ　です

　何歳ですか？

〔XVI〕

nabu gung lo gadem ci ya si?

おいくつですか？

格助詞

　助詞は日本語の「てにをは」のように名詞（句）の後について他の語の関係を表します。

　gi 〜の、〜のもの、〜の手段で、〜なので

　le 〜から、〜からのもの

　lu 〜へ、〜に

指示代名詞

　ゾンカ語には以下のような指示代名詞があります。

	単数	複数
近称	'ani, ni, di	'ani-tsu, ni-tsu, di-tsu
遠称	'aphe	phe-tsu

　上記以外にも、'apha: 更に遠く、'apalo: 更に更に遠く、'aphapha: 更に更に更に遠く、'pha 見えないほど遠く、'phaphalu: 最果てくらい遠く、といった面白い表現があります。上方にも、'ya: 上の方

　'ya:lu = もっと遠く上、'ya:ya:lu = もっともっと遠

〔XVII〕

く上、'ya:::lu ＝とってもとって遠く上、といった言い方もあります。指示代名詞は指示形容詞としても用いられます。例：'mi –di この人、'midi-tsu この人たち

動詞の終止形

　ゾンカ語の動詞は以下のような接辞を取ります。

	肯定形	否定形
不定形	-ni	–
現在形	-ö	mi-
	'ing, yö:	meng
	du	mindu
未来形	wong	mi-V-wong
	-ni	mi-
	-'ing	mi-
過去形	-i, -ni	ma-
	-nu	ma-

　不定形は動名詞としても用いられます。またそのまま用いると命令文にもなります。

　未来形のwongは可能性が高いことを意味しますが、-ni ないし -'ing は話者の意思が強調される表現です。

　過去形の接尾辞は、-i, -ni が直接目撃した、直接知っている事柄について用いられるのに対し（それ故主語

が一人称であることが多いです）、-nu は伝聞や推定
など、話者が直接目撃してない、直接の知識がない際
に用いられるため、原則として一人称が主語になると
きは使えません。

動詞接辞

　動詞の後に以下のような接辞を加えて微妙なニュア
ンスを伝えることができます。

-me　　直接的な体験に基づいた発話の際に用いられま
　　　　す。一人称主語の事が多いです。
-be　　この接辞を用いると文全体が柔らかい表現にな
　　　　ります。
-ye　　発話の瞬間に気付いた事柄について述べる際に
　　　　用いられ、驚きの含意があります。
-'ing　習慣的動作に用いられます。
-'mo　付加疑問文で再確認、念押しをする際に用いら
　　　　れます。

必要・願望の表現

　ゾンカ語では、名詞や動詞の後に go ゴと付け加え

〔XIX〕

ると〜が必要だ、〜がしたいという表現になります。

'ani go　これがほしい

動詞文

　動詞述語文は主語＋動詞ないしは主語＋目的語＋動詞の語順で作られます。動詞語幹にはテンス・アスペクトの接辞が付きます。

　ゾンカ語には前述の 'ing と 'imbe の他に yö:, du:, 'mo という述語動詞があります。これら 3 つの動詞は動詞の直前に名詞（句）があるときモノやコトがある（存在動詞）の意味を、形容詞が来るときはモノやコトの状態を表します。yö: と du: は以下の基準により使い分けられます。

yö:　習慣・反復的動作、長期間の観察、経験、旧情報、話者にとってなじみ深い知識に基づいた発話で用いられます

du:　話者が叙述内容を直積観察して得られた知識に基づいた発話で用いられます

'mo は疑問文でしか用いられません。所謂分裂文（単

文の中のある成分（主語、目的語）を強調するために抜き出し、コピュラ文を主節とする複文に変換した形の文）で用いられます。疑問詞を含まない場合は「～のか？」、疑問詞を含む場合は、「～のは何か？」、「～のは誰か？」という文で用いられます。

数詞

数詞は十進法で表されます。かつては二十進法であったと考えられます。

基数詞と序数詞

ཀླད་ཀོར	0（ゼロ）	zero	[名] 0
གཅིག་	༡	One	1
གཉིས་	༢	Two	2
གསུམ་	༣	Three	3
བཞི་	༤	Four	4
ལྔ་	༥	Five	5
དྲུག་	༦	Six	6
བདུན་	༧	Seven	7
བརྒྱད་	༨	Eight	8
དགུ་	༩	Nine	9

[XXI]

བཅུ་ཐམ་	༡༠	Ten	10
བཅུ་གཅིག	༡༡	Eleven	11
བཅུ་གཉིས་	༡༢	Twelve	12
བཅུ་གསུམ་	༡༣	Thirteen	13
བཅུ་བཞི་	༡༤	Fourteen	14
བཅོ་ལྔ་	༡༥	Fifteen	15
བཅུ་དྲུག	༡༦	Sixteen	16
བཅུ་བདུན་	༡༧	Seventeen	17
བཅོ་བརྒྱད་	༡༨	Eighteen	18
བཅུ་དགུ་	༡༩	Nineteen	19
ཉི་ཤུ་	༢༠	Twenty	20
ཉི་ཤུ་རྩ་གཅིག	༢༡	Twenty one	21
ཉི་ཤུ་རྩ་དགུ་	༢༩	Twenty nine	29
སུམ་ཅུ་	༣༠	Thirty	30
སོ་གཅིག	༣༡	Thirty one	31
སོ་དགུ་	༣༩	Thirty nine	39
བཞི་བཅུ་	༤༠	Forty	40
ཞེ་གཅིག	༤༡	Forty one	41
ཞེ་དགུ་	༤༩	Forty nine	49
ལྔ་བཅུ་	༥༠	Fifty	50
ང་གཅིག	༥༡	Fifty one	51

ང་དགུ་	༥༩	Fifty nine	59
དྲུག་བཅུ་	༦༠	Sixty	60
རེ་གཅིག་	༦༡	Sixty one	61
རེ་དགུ་	༦༩	Sixty nine	69
བདུན་ཅུ་	༧༠	Seventy	70
དོན་གཅིག་	༧༡	Seventy one	71
དོན་དགུ་	༧༩	Seventy nine	79
བརྒྱད་ཅུ་	༨༠	Eighty	80
གྱ་གཅིག་	༨༡	Eighty one	81
གྱ་དགུ་	༨༩	Eighty nine	89
དགུ་བཅུ་	༩༠	Ninety	90
གོ་གཅིག་	༩༡	Ninety one	91
གོ་དགུ་	༩༩	Ninety nine	99
བརྒྱ་ཐམ་པ་	༡༠༠	One hundred	100
གཅིག་བརྒྱ་	༡༠༠	One hundred	100
ཉིས་བརྒྱ་	༢༠༠	Two hundred	200
སུམ་བརྒྱ་	༣༠༠	Three hundred	300
བཞི་བརྒྱ་	༤༠༠	Four hundred	400
ལྔ་བརྒྱ་	༥༠༠	Five hundred	500
དྲུག་བརྒྱ་	༦༠༠	Six hundred	600
བདུན་བརྒྱ་	༧༠༠	Seven hundred	700

[XXIII]

བརྒྱད་བརྒྱ་	༨༠༠	Eight hundred	800
དགུ་བརྒྱ་	༩༠༠	Nine hundred	900
གཅིག་སྟོང་	༡༠༠༠	One thousand	1000
སྟོང་ཕྲག་གཅིག་	༡༠༠༠	One thousand	1000
ཉིས་སྟོང་	༢༠༠༠	Two thousand	2000
སུམ་སྟོང་	༣༠༠༠	Three thousand	3000
བཞི་སྟོང་	༤༠༠༠	Four thousand	4000
ལྔ་སྟོང་	༥༠༠༠	Five thousand	5000
དྲུག་སྟོང་	༦༠༠༠	Six thousand	6000
བདུན་སྟོང་	༧༠༠༠	Seven thousand	7000
བརྒྱད་སྟོང་	༨༠༠༠	Eight thousand	8000
དགུ་སྟོང་	༩༠༠༠	Nine thousand	9000
གཅིག་ཁྲི་	༡༠༠༠༠	Ten thousand	10000
འབུམ་	༡༠༠༠༠༠	One hundred thousand	100000
ས་ཡ་	༡༠༠༠༠༠༠	Million	1000000
བྱེ་བ་	༡༠༠༠༠༠༠༠	Ten million	10000000
དུང་ཕྱུར་	༡༠༠༠༠༠༠༠༠	One hundred million, billion, 100000000	

Ordinal Numbers

དང་པ་	first
གཉིས་པ་	second
གསུམ་པ་	third
བཞི་པ་	fourth
ལྔ་པ་	fifth
དྲུག་པ་	sixth
བདུན་པ་	seventh
བརྒྱད་པ་	Eighth
དགུ་པ་	Ninth
བཅུ་པ་	Tenth

〔XXV〕

【挨拶表現】

kuzû zangpo

　　　［名］あいさつとして使われるもの、こんにちは

drobadelek　　　　　おはよう

nyimadelek　　　　　こんにちは

chirudelek　　　　　こんばんは

leshomdejoun　　　　お気をつけて

leshombezhuk　　　　さようなら

leshombenye　　　　　おやすみ

kâdrinche　　　　　ありがとう

ཀ

ཀ་ཀྲ་ལ katrala ［名］ 小刀、懐中ナイフ

ཀང་ཀྲ kangtra ［名］ フォーク

ཀརྨ karma ［名］ 運命、行動、宿命

ཀར kâ ［名］ 小麦

ཀར་ཕྱེ kâpche ［名］ カプツェ（小麦粉でできたお菓子）

ཀི་ཏབ kitap ［名］ 本

ཀི་ལི kili ［名］ 肘

ཀི་ཤིག kishî ［名］ ノミ

ཀུན kün ［名］ すべて、全体

ཀེ་བ kewa ［名］ じゃがいも

ཀེ་བ་མངར་མོ kewa ’ngâm ［名］ さつまいも

ཀེ་བ་དམར་པོ kewa ’mâp ［名］ 紅いも

ཀེབ་ཏ kepta ［名］ ケプタン（無発酵のパンのようなもの）

ཀོ་པི kopi ［名］ キャベツ

ཀོ་མ koma ［名］ ブローチ、胸飾り、鉤、留め金

ཀོང་ཐག kongthâ ［名］ 伝統的な楽器

ཀོང་ཙེ kongtse ［名］ 松かさ

ཀོཝ kou ［名］ 革、革製品

གྱི gi ［前］ ～の

ཀྲིག་ཀྲི triktri ［形］ 正確な、精密な

ཀྲིག་ཀྲི་མེདཔ triktri mep ［形］ 不完全な、不調な

ཀྲིག་ཀྲི་ཡོདཔ triktri yöp ［形］ 完璧な、適切な

ཀྲིང་ཀ tringka ［名］ 槍

ཀྲིང་ཀྲི tringtri ［名］ どら

ཀྲུ་ཀུ་ལི trukuli ［名］ 綿、綿花、綿糸

ཀྲེག་ཉི trêni ［動］ ひっかく

ཀྲེབ་ཀྲེམ treptrem ［名］ サンダル

ཀྲོང་ཀྲོ trongtro ［形］ 直立した、まっすぐ立った

ཀྲོབ་མདའ trobdâ ［名］ 銃、鉄砲

ཀླདཔ ’läp ［名］ 脳

ཀླུ ’lu ［名］ 蛇、蛇神ナーガ

ཀླུམོ ’lumo ［名］ 蛇、（雌の）蛇神

ཀློག་ཉི ’lokni ［動］ 読む

དཀའ་ངལ kângäl ［名］ 困難、問題

དཀའཝ་སྤྱད kau cä ［動］ （苦痛や不快な）経験をする

དཀར་ཅྱང	karcang	［形］	明白な、純粋な、潔白の
དཀར་མེ	kâme	［名］	バターランプ
དཀར་རྩིས	kartsî	［名］	占星学（術）
དཀརཔོ	kâp	［名］	白
དཀོན	kön	［形］	稀な、珍しい
དཀོན་མཆོག་གསུམ	könchô sûm	［名］	仏法僧
དཀོན་དྲགས	köndrâ	［形］	稀な、珍しい
དཀྱི་ར	kira	［名］	ブータン人の女性が着用するドレス
དཀྱིལ	kil	［名］	中心、真ん中、中央
དཀྱིལ་འཁོར	kilkhor	［名］	曼荼羅(マンダラ)
དཀྱུས	cü	［名］	長さ
དཀྱུས་ཐུང	cüthung	［名］	（長さが）短い
དཀྱུས་མ	cüma	［形］	普通の、並みの、平凡な
དཀྱོག་ནི	côkni	［名］	攪乳器（かくにゅうき）
དཀྱོག་ཐངས	côkthang	［名］	（クリーム、ミルクを）かき回してバターを作る方法

དཀྲི་ནི	trini	［動］	包む、くるむ
དཀྲུག་ནི	trûkni	［動］	かき回す、かき混ぜる、奮起させる
དཀྲུམ་ནི	trûmni	［動］	壊す、破る
བཀག་དམ	kakdam	［名］	禁止、禁制
བཀབ་གོ་ལ	kabgola	［名］	衣服、寝具
བཀབ་ནེ	kabne	［名］	普段ブータンの男性が着用する儀礼上の肩掛け
བཀའ་དྲིན	kâdrin	［名］	感謝、親切、思いやり
བཀའ་དྲིན་བསྐྱང་ནི	kâdrin câng	［名］	許し、熟考、検討
བཀའ་དྲིན་ཅན	kâdrincän	［形］	丁寧な、親切な、優しい
བཀའ་དྲིན་བསམ་ཤེས	kâdrin samshe	［名］	評価、感謝、感謝の気持ち
བཀའ་གནང	kâ’nang	［動］	命令する
བཀའ་སློབ	kâ’lop	［名］	助言、忠告、相談、勧告
བཀོད་རྒྱ་ལག་དེབ	köja lakdep	［名］	取扱説明書
བཀོད་ཤོག	köshô	［名］	形、形状、形式

བཀྲག་ཚ་དྲགས câ tshadrâ ［形］ 色彩に富んだ、色鮮やかな、輝いた

བཀྲ་ཉེས tranye ［形］ いたずら好きな、わんぱくな

བཀྲ་ཤིས་མངའ་གསོལ trashi ’ngâsöl ［形］ 幸先のよい、めでたい

［名］ 儀式、式典

བཀྲ་ཤིས་རྟགས་བརྒྱད trashi tâgä ［名］ ８つの幸先がよい兆候

བཀྲ་ཤིས་བདེ་ལེགས trashi delek ［名］ おめでとう、祝い、願望、希望、健闘を祈ること

བཀྲ་ཤིས་པའི་རྟགས trashipai tâ ［名］ 幸先のよい兆候、よい兆し

བཀྲག་རྩི trâktsi ［名］ 油塗料、ペンキ

བཀྲེས་སྐོམ trekom ［名］ 飢饉、飢渇

རྐ ka ［名］ 水源

རྐང་འཁོར kangkhor ［名］ 自転車

རྐང་ཐང kangthang ［副］ 徒歩で

རྐང་ཐང་འགྲོང kangthang drong

［形］ 成長した、大人ら

རྐང་མའི་ཚིགས་ཏོ 〔 6 〕

しい、自立できる

རྐང་མའི་ཚིགས་ཏོ kangmai tshikto
［名］足首、足関節

རྐང་མའི་མཛུབ་མོ kangmai dzu(b)mo
［名］足指、つま先

རྐང་མའི་ལྷ kangmai wa ［名］足の甲

རྐང་ལག kanglâk ［名］手足

རྐངམ kâm ［名］足

རྐན kän ［名］口蓋

རྐུབ kûb ［名］尻、臀部

རྐོ་ནི koni ［名］掘ること、くわで掘り起こすこと

རྐོ་ཀྲ kotra ［名］くま手、まぐわ

རྐྱངམ་གཅིག câmcî ［形］一人で、孤独で、唯一の、無比の

རྐྱབ་ནི câbni ［動］する、実行する

རྐྱལ cä ［名］水泳

རྐྱེན ken ［名］原因、理由、根拠

རྐྱེན་གྱིས kengi ［副］～のために

སྐོད་མར་གཏང köma tang ［動］飲み込む

སྐད kä ［名］言語、方言、通用語

སྐད་གྲགས་ཅན kädrâkcän ［形］ 有名な、名高い

སྐད་སྒྱུར käjur ［名］ 翻訳、解釈

སྐད་སྒྱུར་པ käjurpa ［名］ 翻訳家

སྐད་ཅན་མིང་ཅན käcän mingcän ［形］ 有名な、よく知られた、周知の

སྐད་ཡིག käyik ［名］ 言語

སྐབས་སྐབས་རང kabkabra ［副］ しばしば、たびたび、頻繁に

སྐབས་སྐབས་རེ kabkabre ［副］ 時折、時々、たまに

སྐབས་ལུ kablu ［前］ ～の間ずっと、～する間、～と同時に

སྐམ་ཉི kamni ［形］ 乾いた、乾燥した、干上がった、しおれる

སྐམ་དྲགས kamdrâ ［形］ とても痩せた、細い、薄い

སྐར་ཚོམ kartshom ［名］ 銀河、星雲、星座

སྐརམ kâm ［名］ 星

སྐལ་བ་བཟང kälwa zang ［形］ 巡り合わせが良い

སྐལ་བཟང་ཁུར་ཤིང་ kälzang khurshing

		［名］	リュックサック
སྐུ	ku	［名］	身体、体
སྐུ་སྐེད	kukê	［名］	腰
སྐུ་ཁྲག	kuthrâ	［名］	血、血液
སྐུ་བགྲེས	kudre	［形］	1. 年上の、年長の、先輩の　2. 前の、以前の、先の、前者の
སྐུ་མགྲོན	kudrön	［名］	客、来客、賓客、ゲスト
སྐུ་ངལ	kungäl	［名］	休み、休憩、休息、睡眠、安政、静止
སྐུ་བཅིང	kucing	［名］	腰ベルト
སྐུ་འཆམ	kuncham	［名］	仮面舞踊
སྐུ་དོརམ	kudôm	［名］	ズボン、パンツ
སྐུ་དྲིན	kudrin	［名］	感謝
སྐུ་ན	kuna	［名］	年齢、時代、時期
སྐུ་ཕོ	kupho	［名］	腹、腹部、胃
སྐུ་ཚ་བོ	kutshawo	［名］	甥
སྐུ་ཚ་མོ	kutshamo	［名］	姪
སྐུ་ཚབ	kutshab	［名］	代表者、代理人、

སྐོམ་འཚིག་ལང

		大使
སྐུ་ཚབ་ཡིག་ཚང	kutshab yiktshang	[名] 大使館（員）
སྐུ་ཚེ	kutshe	[名] 生命、命、生き物、寿命、一生、生涯
སྐུ་ཚེ་ཟོགས	kutshe dzôk	[名] 死、死亡、消滅
སྐུ་ཚེ་རིང	kutshe ring	[名] 長生きする
སྐུ་ཟླ	ku(n)da	[名] 配偶者
སྐུ་གཟུགས	kuzû	[名] 身体、体
སྐུ་གཟུགས་བདེ་ཏོག་ཏོ	kuzû detôto	[名] 健康、息災
སྐུ་རུ	kurü	[名] 骨、遺物、遺品
སྐུ་སྲོག	kusôk	[名] 生命、命、生き物、寿命、生涯
སྐུ་དཔོ	küp	[名] 義理の兄弟
སྐེ	ke	[名] 首、襟、首回り
སྐེ་ཆ	kecha	[名] ネックレス、首飾り、装飾、装飾品
སྐེད་རགས	kerâ	[名] 腰ベルト、ウェストバンド
སྐེད་པ	kêp	[名] 腰
སྐོམ་འཚིག་ལང	komtshî lang	[動] 喉が渇く、乾く

སྐོར་ནེ

〔 10 〕

སྐོར་ནེ	korni	[動]	歩き回る、あちこち歩く
སྐོར་ཆ	kôcha	[前]	～について
སྐོར་གཏམ	kortam	[名]	間接的な発言、意見
སྐོར་ལས	korlä	[前]	～について、～に関して、～の点では
སྐྱ	câ	[名]	髪の毛、毛、毛髪
སྐྱ་དཀར	câkar	[名]	白髪
སྐྱ་སྒོགཔ	câgôp	[名]	にんにく
སྐྱ་བཏོག་ནེ	câ tôni	[動]	髪を切る
སྐྱ་བཏོག་ཁང	câtôkhang	[名]	床屋、理容店、理髪店
སྐྱ་ཐལ་ཐལ	câthäthä	[形]	灰色の、青白い、どんよりした
སྐྱ་བཞུར	câ zhû	[名]	髪の毛を剃ること、剃髪
སྐྱ་ལྷབ་ལྷབ	câlhablhab	[形]	光る、輝く、晴れた、きらりと光る
སྐྱབས་རྗེ	câbje	[名]	最高位のラマ僧に用いられる敬称、

			称号、肩書
སྐྱིད་ཏོང་ཏོ	kîtongto	［形］	平和な、平穏な、静かな、落ち着いた
སྐྱིད་ཐབས	kîthap	［名］	幸せになる方法、手段
སྐྱིད་སྡུག	kîdû	［名］	喜びと悲しみ、悲喜、浮き沈み、起伏、盛衰
སྐྱིད་པ	kîpa	［名］	幸福、健康、平和、平穏、安心
སྐྱུར་པོ	cû(r)p	［形］	酸っぱい、酸味のある、（発酵して）酸っぱくなった、意地の悪い
སྐྱེ་ནི	keni	［動］	生まれる、出産する、成長する
སྐྱེ་ཀ་ན་འཆི	keganachi	［名］	四苦（生老病死）
སྐྱེ་སྒོ	kego	［名］	膣
སྐྱེ་རྩིས	ketsi	［名］	出生星占い
སྐྱེ་ཚེས	ketshe	［名］	誕生日、出生日、生年月日

སྐྱེ་ཟུག	kezû	[名]	陣痛
སྐྱེ་གཡོགས	ke'yôm	[名]	助産師、産婆役
སྐྱེ་ཤིང	keshing	[名]	植物、草花
སྐྱེད་ཚལ	kêtshäl	[名]	公園、庭園、林、小立、果樹園
སྐྱེལ་ནི	kelni	[名]	届ける、見届ける
སྐྱེལ་འདྲེན	keldren	[動]	運ぶ、輸送する
སྐྱེལ་འདྲེན་པ	keldrenpa	[名]	運送人、運搬装置、運送者、瞬間移動装置
སྐྱེས་ཉིནམ	kenyim	[名]	誕生日
སྐྱེས་པ	kepa	[名]	人間、人、人類、男性、男子、雄
སྐྱེས་བུ	kebu	[名]	偉大な存在、貴族階級の人物、高貴な人物
སྐྱེས་ལོ	kelo	[名]	年齢、年、成年、寿命、時期
སྐྱོ་སི་སི	cosisi	[形]	痛ましい、哀れな、感傷的な
སྐྱོགས	cô	[名]	おたま、ひしゃく

སྐྱོན་མིང་ könming ［名］ あだ名、ニックネーム

སྐྱོར་ནི corni ［動］ 暗唱する、朗読する

བརྐོ་ནི koni ［動］ 掘る、掘り出す、刻む

བསྐལ་པ kälpa ［名］ 永遠、永劫、時代、年代、時期

བསྐལ་པ་བཟང་པོ kälpa zangpo ［名］ 黄金期、栄光ある期間

བསྐྱི་ནི kini ［動］ （有利子の貸付金を）借りる

བསྐྲད་ནི träni ［動］ 消す、消去する、抹消する

ཁ

ཁ kha ［名］ 口、言語、表面

ཁ་སྐད khakä ［名］ 話し言葉、口語

ཁ་སྐོམ་ནི kha komni ［動］ のどが渇いている

ཁ་གིས kha gi ［副］ 口頭で

ཁ་གྲངས khadrang ［名］ 数、数字、番号、順番、量、分量、数

			量、大量
ཁ་ངན	khangän	[形]	無礼な、無作法な、下品な、（言葉遣いや態度が）悪い、悪口を言う、不正な、洗練されていない、品のない、粗野な、がさつな
ཁ་ཆར	khachar	[名]	雪と雨、みぞれ
ཁ་ཆུ	khachu	[名]	唾液、つば
ཁ་འཆམ་ནི	kha(n) chamni	[動]	賛成、賛同する、意見が一致する、意見がまとまる
ཁ་འཇམ	kha jam	[形]	優しい（穏やかな）話し方をする
ཁ་རྗེ	khaje	[名]	幸運、繁栄、運、運命、縁起、運勢、富、財産
ཁ་རྗེ་གིས	khaje gi	[副]	幸いにも、運よく、おかげさまで、運よく、幸運にも

ཁ་རྗེ་འབར khaje bar ［形］幸運な、運が良い、幸先の良い

ཁ་རྗེ་བཟང khaje zang ［形］幸運な、運が良い、幸先の良い

ཁ་ཉིནམ khanyim ［名］おととい

ཁ་ཞུང་ khanyung ［形］静かな、静粛な、無口な、寡黙な

ཁ་བརྙོགས kha'nyôk ［形］慣れている、習慣づいている、中毒になっている、熱狂的な

ཁ་སྟོང khatong ［形］空腹な、腹が減っている

ཁ་ཐུག khthûk ［動］衝突する、ぶつかる、喧嘩する、口論する、会う、接触する

ཁ་ཐུག་ལས khathû lä ［前］～の代わりに、代理として、代表して

ཁ་ཐུག་ལུ khathû lu ［前］～の方へ、～に向かって、～の方向に

ཁ་ཐུན khathün ［名］毎日の祈祷、祈願

ཁ་མཐུན khthün ［動］賛成する、賛同する

ཁ་མཐོ་ས kha thosa ［名］高度、標高、海抜、仰角、高地

ཁ་དར khadar ［名］マフラー、スカーフ

ཁ་དོག khadô ［名］色、色彩

ཁ་ཕྱེ་ནི kha (p)cheni ［動］開ける

ཁ་ཕྱོགས khachô ［名］方向、方角

ཁ་བྱང་ khajang ［名］住所、宛先、メールアドレス

ཁ་འབྱལ་ནི kha (b))jäni ［動］離婚する

ཁ་མེད་ལྕེ་མེད khamê cemê ［名］静かな、無口な、従順な人

ཁ་མང kha mang ［形］おしゃべりな、口数の多い、話し好きな

ཁ་ཙ khatsa ［名］昨日

ཁ་ཙ་ཁ་ཉིམ khatsa khanyim
［名］おととい、このごろ
［副］最近、近頃、近年、このごろ

ཁ་བཙུམ kha tsum ［動］ 黙れ、静かにしろ

ཁ་བཙོག་པ kha tsokpa ［名］ 品のない、無作法な話し方、演説

ཁ་ཚ kha tsha ［形］ 熱い、辛い、ピリッとした、薬味のきいた、香ばしい

ཁ་ཞེ་གཉིས་མེད khazhe ’nyimê ［形］ 率直な、誠実な、正直な

ཁ་ཡར kha yâ ［形］ 上向きの、上へ向かう、上昇する

ཁ་རི་མུ་ཟ kharimuza ［名］ スイカ

ཁ་རུད kharü ［名］ 崩壊、雪崩、氷河

ཁ་ལན khalän ［動］ 答える、返事する

ཁ་ལས་སྐྱོར kha lä côr ［動］ 暗唱する、朗読する

ཁ་ལུ་ཉན kha lu nyän ［動］ 忠告に従う、聞く

ཁ་སླབ་ནི kha ’labni ［動］ 話す、会話する

ཁ་སླབ་ཐངས kha ’labthang ［名］ 話し方

ཁ་ལྷོག kha lhok ［動］ 開ける、開く、蓋を取る、発見する、明らかにする

ཁག khâk ［名］ 集まり、群れ、単

位、部隊、一団、一群

ཁག་འགན khâgän ［名］ 責任、義務、非難、責務、任務

ཁག་ཆེ་ཏོག་ཏོ khâk chetokto ［形］ 大切な、重要な、不可欠な

ཁག་ཏིག་ཏེ khâktête ［形］ 苦い、渋い

ཁག་ཏེམ khâktem ［名］ 苦瓜、ゴーヤ

ཁག་ཚན khâktshän ［名］ チーム、選手団、組、班、団

ཁང khang ［名］ 部屋

ཁང་ཁྱིམ khangchim ［名］ 家、住宅

ཁང་གླ khang'la ［名］ 家賃

ཁང་ཆས khangchä ［名］ 家具、調度品、備品

ཁབ khab ［名］ 針、縫針、ピン、留め針

ཁབ་ཀོ་མ khab koma ［名］ 安全ピン、フック、ホック、留め針

ཁབ་ཏོ khabto ［名］ 覆い、カバー、蓋

ཁབ་ཟས་བཟོ་ཁང khabzä zokhang ［名］ パン屋、お菓子屋

〔 19 〕 ཁུ་བ

ཁམ	kham	［名］	桃
ཁམས	kham	［名］	健康、健康状態、調子
ཁམས་དྭངས་འཕྲོས་འཕྲོས	kham dângthröthrö	［形］	新しい、新鮮な、生き生きとした、元気な、清潔な、汚れていない、きれいな
ཁམས་ཕོག་རྒྱབ	khamphô câp	［動］	むかつく、吐き気がする、吐き気を催す
ཁཔ	khau	［名］	雪
ཁཔ་རྒྱབ	khau câp	［動］	雪が降る
ཁཔ་བཞུ	khau zhu	［名］	雪解け、融雪
ཁལ་ཊ	khälta	［名］	駄馬、荷馬
ཁས་བླངས་ཐོག་ལས	khä'lang thoklä	［副］	自発的に、自主的に、任意に
ཁས་བླངས་ལས་མི	khä'lang lämi	［名］	奉仕活動家、ボランティア活動家
ཁུ་བ	khuwa	［名］	スープ、肉汁(ソース)

ཁུ་བྱུག་སྔོན་མོ khujû 'ngöm ［名］ カッコウ、クックー（鳴き声）

ཁུ་རུ khuru ［名］ 矢、投げ矢、ダーツ

ཁུ་ལི khuli ［名］ クリ（そば粉で作られたパン）

ཁུ་སིམ་སི khusimsi ［形］ 静かな、ひっそりとした、穏やかな、控えめな、無言の、沈黙した

ཁུག་ཁུག་པ khûkhûp ［形］ 熟れた、熟した、実った、成熟した

ཁུངས khung ［名］ 理由、わけ、根拠

ཁུངས་སྐྱེལ khung kel ［動］ 明らかにする、正しいとする、正当化する

ཁུངས་དོན khungdön ［名］ 理由、わけ、根拠

ཁུངས་དག khungdak ［形］ 純粋な、澄んだ、潔白な、本物の、真の

ཁུངས་ལྡན khungdän ［形］ 意味のある、意義のある、重要な、信

			頼できる、頼りになる、本物の、確実な
ཁུངས་མེད	khungme	［形］	無意味な、目的のない、中身のない、無益な無駄な
ཁུངས་མེད་པ་བཟོ	khungmep zo	［動］	あざける、ばかにする、からかう、嘲笑する
ཁུར་ཆ	khurcha	［名］	荷物、手荷物、鞄類
ཁེ	khe	［名］	利益、収益、利潤
ཁེ་རྒོ	khego	［名］	腕力、体力
ཁེ་ཏོག་ཏོ	khetokto	［形］	安い、安物の、質の悪い、費用のかからない
ཁེ་མེད	khemê	［形］	利益のない、無益な
ཁེན་ཇ	khenja	［名］	シャツ
ཁོ	kho	［代］	彼
ཁོ་གི	khogi	［前］	彼の
ཁོ་རང་	khora	［代］	彼、彼自身
ཁོ་རའི	khorai	［代］	彼の

ཁོག་སྟོང

〔 22 〕

ཁོག་སྟོང	khoktong	[形]	空の、うつろの、空洞の、中身のない
ཁོག་པའི་གཏིང་ལས	khokpai tinglä	[副]	心の底から、心を込めて
ཁོག་ཡངས	khokyang	[形]	忍耐強い、辛抱強い、根気のいる、寛大な、寛容な、耐性がある
ཁོགཔ	khôp	[名]	精神、心、胃、腹
ཁོང	khong	[代]	彼ら、彼女ら
ཁོང་ཁྲོ	khongthro	[名]	怒り、立腹
ཁོང་ཁྲོ་ལང	khongthro lang	[動]	怒る、腹を立てる
ཁོང་ཁྲོ་སློང	khongthro 'long		
		[動]	いらいらさせる、怒らせる、むっとさせる
ཁོང་གི	khong gi	[代]	彼らの、彼女らの、彼らの物、彼女らの物
ཁོང་ཚ་ཁྱབ	khong chachap	[代]	彼ら、彼女ら
ཁོང་དུ་ཆུད	khongdu chü	[動]	理解する

ཁོང་རྩུབ khongtsup ［形］残酷な、冷酷な

ཁོང་ཡིད་ལྷག khongyi lhak ［動］深く考える、熟抗する、～かどうかあれこれ考える

ཁོང་ར khongra ［代］彼ら自身を（に）、それら自体を（に）

ཁོངས་སུ་བསྡུས khongsu tsûk ［動］含む、包括する

ཁོད་སྙོམས khö'nyom ［形］平らな

ཁོད་སི་སི khösisi ［形］寒い、冷たい、ひんやりとした、冷淡な

ཁོམ་པ khompa ［形］自由な、ゆっくりとした、ゆったりとした

ཁོར་ཡུག khoryû ［名］環境、周囲、境遇

ཁོལ་ཁོལ་ལྷ khökhöu ［形］加熱した、沸騰した

ཁྱ་གོད eagle ［名］鷲

ཁྱད་དུ་འཕགས་པ khäduphakpa ［形］すぐれた、抜群の、有名な、顕著な、卓越した

ཁྱད་པར khäpar ［名］違い、差異、相違点、区別、卓越

ཁྱད་པར་ཅན khäparcän ［形］ 特別な、唯一の、独特の、明確に区別できる

ཁྱད་པར་དུ khäpardu ［副］ 特に、特別な、とりわけ、著しく、大いに

ཁྱད་འཕགས་ལྷ་ཤུལ khäphak lâshül ［名］ 傑作、名作、代表作

ཁྱད་རིག khärik ［名］ 職業、専門職

ཁྱམ་ཁྱོམ chamchom ［形］ 不安定な、ぐらつく、変わりやすい、変動する

ཁྱལ khäl ［名］ 税金、税

ཁྱལ་བཀལ khäl käl ［動］ 税を徴収する

ཁྱི་ཀྲུ khitru ［名］ 子犬

ཁྱི་ཁྱིམ khichim ［名］ 犬小屋

ཁྱིམ chim/khim ［名］ 家、家庭、自宅

ཁྱིམ་རྐྱབ chim câp ［動］ 家を建てる

ཁྱིམ་གྱི་བཅད chim gi cä ［名］ 区分、分離、分割

ཁྱིམ་ཐོག chimthô ［名］ 屋根、階層

ཁྱིམ་པ khimpa ［名］ 素人

ཁྱིམ་ཚང་ chimtsha ［名］ 近所の人、隣人

ཁྲིམ་བཟོ་བོ	chimzowo	[名]	建築家、設計者
ཁྲུ	chu	[名]	群れ、集団、集まり
ཁྲུང	chung	[名]	ガルーダ、神秘的な鳥
ཁྱེགས	khê	[名]	氷
ཁྱེགས་གུ་རམ	khê guram	[名]	アイスクリーム、アイスキャンディー
ཁྱེགས་སྒྲོམ	khêdrom	[名]	冷蔵庫、冷凍冷蔵庫
ཁྱེགས་ཆགས	khê châ	[動]	凍る、凝固させる、固化させる
ཁྱེད	chê	[代]	あなたたち、君たち
ཁྱེད་ཚ་ཁྱབ	chê chachap	[代]	あなたたち、君たち
ཁྱོད	chö	[代]	あなた
ཁྱོད་ཀྱི	chögi	[代]	あなたの
ཁྱོད་རང་	chöra	[代]	あなた自身
ཁྱོསམ	chôm	[名]	贈り物、プレゼント
ཁྲ་ཚོམ་ཚོ	thracomco	[形]	色彩に富んだ、カラフルな、派手な
ཁྲག	thrâ	[名]	血、血液
ཁྲག་འཐོན	thrâthön	[動]	出血する
ཁྲག་རྩ	thrâktsa	[名]	動脈、血管

ཁྲག་ལོང་ 〔 26 〕

ཁྲག་ལོང་	thrâ long	[動]	怒る、いらいらする
ཁྲག་ལྷོང་	thrâ lhong	[動]	いらいらさせる、怒らせる
ཁྲལ	thräl	[名]	税金、税
ཁྲལ་ཏུགས	thrältak	[名]	収入印紙、証紙
ཁྲལ་བསྡུ	thräl du	[動]	徴税する、税金を徴収する
ཁྲི་མངའ་གསོལ	thri'ngasöl	[名]	即位、即位式
ཁྲི་མངའ་གསོལ་བའི་ཉིནམ	thri'ngasölwai nyim	[名]	即位式典日
ཁྲི་ཐགས	thrithâ	[名]	織機
ཁྲི་འཛིན	thridzin	[名]	議長、委員長、会長
ཁྲིམས	thrim	[名]	法律、法規、法令、規定と規則
ཁྲིམས་ཀྱི་འདུནས	thrimki dünsa	[名]	裁判所、法廷
ཁྲིམས་བཀལ	thrim käl	[動]	罰する、罰則を科す、懲らしめる
ཁྲིམས་ཁང	thrimkhang	[名]	裁判、公判
ཁྲིམས་མཐུན	thrimthün	[形]	合法の、正当な、合理的な
ཁྲིམས་དཔྱད	thrim cä	[名]	裁判官、判事、審

〔 27 〕 ཁྲོམ་ཆེན

		査員
ཁྲིམས་སྲུང་འགག་པ	thrimsung gakpa	
		［名］警察官
ཁྲུ་གང	thrugang	［名］腕尺1つ分
ཁྲུང་ཁྲུང	thrungthrung	［名］鶴
ཁྲུས	thrü	［名］入浴、お風呂
ཁྲུས་ཁང	thrükhang	［名］浴室、バスルーム
ཁྲུས་སྨན	thrü'man	［名］シャンプー、洗髪剤
ཁྲུས་གཞོང	thrüzhong	［名］流し（台）、洗面台、
		洗面器
ཁྲུས་རས	thrürä	［名］タオル、手拭い
ཁྲེལ་དང་ངོ་ཚ	thrê dang ngotsha	
		［名］後ろめたさ、恥、罪
		悪感
ཁྲོ	thro	［名］壺、かめ、骨壺、容
		器、器
ཁྲོམ	throm	［名］町、都会
ཁྲོམ་གྱི་ཉེ་འདབས	thromgi nyedap	［名］郊外、町外、市外
ཁྲོམ་གྱི་ས་ཁོངས	thromgi sakhong	
		［名］市街地
ཁྲོམ་ཆེན	thromchen	［名］都市、都会、市、主

			要都市、中心地
ཁྲོམ་ཚོགས	thromtshô	[形]	都市の、都会の、都市特有の
ཁྲོམ་ལམ	thromlam	[名]	通り、街路
མཁན་པོ	khänpo	[名]	ケンポ
མཁལ་རྡོག	khädô	[名]	腎臓
མཁས་མཆོག	khächok	[名]	専門家、学識経験者
མཁུར་ཏོ	khurto	[名]	ほお
མཁོ་གལ	khogäl	[名]	必要とするもの、要求されるもの、要件
མཁོ་མངག	kho'ngak	[名]	予約、契約
མཁོ་ཆས	khochä	[名]	必要、必需品、不可欠なもの
མཁོ་ཆས་བསྒྲིག	khochä drik	[動]	整える、整理する、手配する、用意する
མཁོ་འདོད	khodö	[名]	需要
མཁོ་འདོད་འགྲུབ	khodö drûp	[動]	需要を満たす
མཁོ་སྤྲོད	khotrö	[名]	供給品

འཁརལྷ khâu ［名］ 棒、杖

འཁལ་ནི khälni ［動］ 回す、回転させる、紡ぐ

འཁྱག་རུམ chakrum ［名］ 氷山

འཁྱག་རོམ chakrom ［名］ 氷河

འཁྱམ་ནི chamni ［動］ あてもなく散策する、うろつく、放浪する、歩き回る

འཁྲིད་ནི khîni ［動］ 道案内する、指導する、導く

འཁྲུ་ནི chuni ［動］ 体を洗う、洗濯する、入浴する

འཁྲོལ་ནི khöni ［動］ ほどける、緩まる、ほどく、解き放つ

འཁྲབ་སྟོན་ཁང thrabtön khang ［名］ 映画館、劇場

འཁྲབ་སྟོན་པ thrabtönpa ［名］ 俳優、役者、男優

འཁྲིལལྷ་ད thriuda ［前］ ～によれば、～と一致して

འཁྲུག་རྩོད thruktsö ［名］ 戦い、争い、口論、論争、対立、矛盾

འཁྲུངས་སྐར thrungkar ［名］ 誕生日

འཁྲུངས་སྐར་དུས་ཆེན thrungkar düchen ［名］ 出生記念日

འཁྲུངས་སྟོན thrungtön ［名］ 誕生祝い

འཁྲུལ་སི་སི thrüsisi ［形］ 悲しんでいる、嘆かわしい、残念な

ག

ག་དགའ་ gagau ［副］ 思い通り

ག་ཅི་གི་དོན་ལས gaci gi dönlä ［疑］ なんのために、なぜ

ག་ཅི་འབད་ནི gaci bäni ［疑］ 何をすべきですか

ག་ཅི་འབད་རུང gaci bä ［代］ （〜する）ものは何でも

ག་ཅི་སྦེ gaci bä ［疑］ なぜ

ག་ཅི་སྨོ་ཟེར་བ་ཅིན gaci'mo zewa cin ［接］ 〜だから、〜なので、（なぜなら）〜だからである、理由としては

ག་ཅི་བཟུམ་ཅིག gaci zum cî ［名］ どういう（種類の）

ག་ཅི་ཡང gaci ya ［代］ 何か、何でも

ག་ཅི་རང་	gaci ra	[代]	（〜する）ものは何でも
ག་ཅི་རང་འབད་རུང་	gaci ra bäru	[名]	あなたがすることは何でも、何をしようとしても
ག་ཅི་རང་ཨིན་རུང་	gaci ra ingru	[名]	それが何であれ
ག་ཅི་ལས་ཡང་	gaci lä yang	[副]	あらゆる点で、すべての点で、どの点でも
ག་ཅི་ལོ་	gaci lo	[名]	何？何ですって！もう一度言ってもらえますか
ག་ཅི་ཨིན་ན་	gaci inna	[疑]	これは何ですか
ག་ཅི་ཨིནམ་ཟེར་བ་ཅིན་	gaci im zewa cin		
		[名]	それが意味することは〜です
ག་ཏེ་	gatê	[疑]	どこですか
ག་ཏེ་གི་	gatê gi	[疑]	どの場所の
ག་ཏེ་ཡང་	gatê yang	[副]	どこにでも、どこへでも
ག་ཏེ་ལས་	gatê lä	[疑]	どこから

ག་ཏེ་ལུ gatê lu ［疑］ どこへ、どこ

ག་ཏེ་ལུ་ཡང gatê lu yang ［副］ どこにでも、どこへでも

ག་ཏེ་ལུ་རང gatê lu rang ［副］ そこらじゅうに、いたるところに

ག་ཏེ་ལྷོད་ལྷོད gatê höhö ［副］ 目的なしに、漠然と

ག་དེ gadê ［疑］ どのような

ག་དེ་ཅིག gadêci ［疑］ いくつでですか、いくらですか

ག་དེ་དྲག་དྲག gadê drâdra ［副］ できるだけ、できる限り、あり得る範囲

ག་དེ་འབད་རུང gadê bärung ［副］ とにかく、どうせ、何としても、いずれにせよ、どうしても、なんとしても、何が何でも

ག་དེ་འབད་ས་ཅིག་རུང gadê bäsa ciru

［副］ とにかく、どうせ、何としても、いずれ

にせよ、どうしても、なんとしても、何が何でも

ག་དེ་སྦེ་ཨིན་རུང gadêbe ingru ［副］ それにもかかわらず、それにしても、どんなに〜でも

ག་དེམ་ཅིག gademci ［疑］ いくつですか

ག་དྲག་བལྟ་ནི gadrâ tani ［動］ 比較する、対照する

ག་དང་ཡང་མ་འདྲཝ ga da yang madrau ［形］ 唯一の、比類のない、独特な、特有の、ユニークな

ག་འདི gadi ［疑］ どれ

ག་བསྡུར་རྐྱབ་ནི gadur câpni ［動］ 競争する、比較する

ག་ནི་ཡང་མེདཔ ganiya mep ［代］ 何も〜ない、少しも〜ない

ག་ཕུབ gaphû ［動］ ひっくり返す

ག་བུར gabur ［名］ 樟脳、ショウノウ

ག་ཡང་མེད gaya mê ［代］ 誰も〜ない

ག་ར [34]

ག་ར	gara	[形]	全体の、全部の
ག་ར་ཆ་མཉེ	gara cha di	[副]	みんなが一緒に、一斉に、同時に
ག་ར་འབད་རུང	gara bäru	[代]	だれでも、どんな人でも、だれが〜でも
ག་ལས	ga lä	[疑]	どこから
ག་ལུ	ga lu	[疑]	誰に
གང་ནེ	gangni	[形]	いっぱいの、満ちた、〜で満たされている
གང་མགྱོགས	gangjok	[副]	できるだけ早く、できるだけすぐに
གངམ	gâm	[形]	たくさんの、多くの豊富な、十分な
གངས་གཟིག	gangzik	[名]	ユキヒョウ
གངས་རི	gangri	[名]	氷山
གའུ	gau	[名]	お守り、魔よけ
གར་འཆམ	garcham	[名]	仮面舞踏
གལ་ཅན	gälcän	[形]	大切な、重要な、重大な

[35]　　　　　　　　　　　གོ་བཏང་འཆོལ

གི	gi	[前] （所有を表す）の
གུ་རམ	guram	[名] あめ、砂糖菓子、砂糖、甘い食べ物
གུག་ནེ	gûgni	[動] 曲がる、曲げる
གུང་མཛུབ	gungdzup	[名] 中指
གུང་ཞག	gungzhâ	[名] 夜
གུར་གུམ	gurgum	[名] サフラン
གུས་ཞབས་ཆེ་ཏོག་ཏོ	güzhab chetokto	[形] 敬意を表す、丁寧な
གུས་ཞབས་འབད	güzhab bä	[動] 敬意を払う、敬意を表する
གེ་ཟ	geza	[名] トウモロコシ、トウキビ
གོ	go	[名] 男性のための服装
གོ་ནི	goni	[動] 聴く、理解する
གོ་སྐབས	gokap	[名] 機会、好機
གོ་ཐལ	gothäl	[名] 灰、灰殻、燃え殻
གོ་དོན	godön	[名] 意味、意義、目的、意図、構想、発想
གོ་བཏང་འཆོལ	goda dzöl	[動] 誤解する、誤訳す

གོ་གནས་ཅན　　　　　〔 36 〕

			る、誤って解釈する
གོ་གནས་ཅན	go'näcän	[名]	高級官僚
གོ་བ་ལེན	gowa len	[動]	理解する、把握する
གོ་མ་ཆོད་པ	go machöp	[形]	役に立たない、無用な、無駄な、使い物にならない、無益な、時代遅れの、もう使われていない
གོ་མཚོན	gotshön	[名]	兵器、軍備、武器、凶器、対抗手段
གོ་ལ	gola	[名]	服装、衣服、布
གོ་ལ་གྱོན	gola gän	[動]	衣服を着る
གོ་ལ་ཕུད	gola phü	[動]	衣服を脱ぐ
གོ་ལེ་སྦེ	golebe	[副]	だんだん、徐々に、次第に、ゆっくり
གོ་ལོག	golok	[名]	誤解、誤訳、誤った解釈
གོ་ཤེས་ཉེན་ཤེས	goshe nyenshe	[名]	年長者、先輩、長老、多くの経験と権力を持った人々

〔 37 〕 གོང་འཕེལ

གོ་ས	gosa	[名]	地位、階級、位置
གོ་ས་མར་ཕབ	gosa mâphap	[動]	地位を落とす、地位を下げる、降職する、左遷させる
གོ་ས་ཡར་སེང	Gosa yâseng	[動]	昇進させる、進級させる
གོང	gong	[名]	(衣服の) カラー、襟、価格
གོང་ཁེ་ཏོག་ཏོ	gong khetokto	[形]	安い、安価な
གོང་ཅན	gongcän	[形]	高価な、きちょうな
གོང་བཅག་ནི	gong câni	[動]	割引する
གོང་ཆུང་ཀུ	gong chungku	[名]	低価格
གོང་དུ་འཕེལ	gongdu phel	[動]	増加する、増える、高まる、強まる、前進する、進行する、繁栄する、成功する、すくすく育つ
གོང་ཕབ་ནི	gong phabni	[動]	値段を安くする、下げる
གོང་འཕེལ	gongphel	[名]	発達、進展、発展、進歩

གོང་འཕེལ་འགྲོ　　〔 38 〕

གོང་འཕེལ་འགྲོ	gongphel jo	[動]	発達する、進展する、発展する、進歩する
གོང་ཚད་ཡར་འཕར	gongtshä yâphar	[名]	インフレーション、通貨膨張、貨幣の価値が低くなり物価が上がること
གོན	gön	[名]	キュウリ
གོབ་འགྲོ་ནི	gob joni	[動]	はう、はっていく、ハイハイする、クロールで泳ぐ、のろのろ進む
གྱང	jang	[名]	壁、堀、囲い
གྱང་ཤུམ	jangshum	[名]	熱、発熱、興奮、熱狂
གྱང་ཤུམ་རྐྱབ	jangshum câp	[動]	発熱で震える
གྱངས་ཁ	jangkha	[名]	数、総数、番号、数字
གྱངས་ཁ་རྐྱབ	jangkha câp	[動]	数える、数え上げる
གྱངས་ཁ་མ་ཆོད	jangkha machöp		

		［形］	数えきれない、無数の
གྱལ་ཁར་འཛུལ	gäkhar dzül	［動］	入る、乗り込む、参加する、加わる、結合する
གྲི་ཁ	gikha	［名］	刃、刃物、ナイフ
གྲི་རིང	giring	［名］	剣、刀
གྲིབ་མ	gibma	［名］	影、日陰、人影
གྲིམ་ཙེ	gimtse	［名］	はさみ
གྱེན	gen	［形］	急勾配の、険しい、坂、斜面
གྱེན་འཛེག	gendzê	［動］	山、丘を登る
གྲོག་མོ	jokmo	［名］	蟻
གྱོང་རྒུད	jonggü	［名］	喪失、損失、損害
གྲོངས་ཉི	jongni	［動］	死ぬ、亡くなる、消滅する、終わる
གྲོངས་མི	jongmi	［名］	死亡者、亡き人、故人、死者
གྱོན་ཉི	gönni	［名］	着る、着用する
གྱོན་ཆས	göchä	［名］	衣類、服装、身なり
གྱོས	gö	［名］	計画、案、考え、

発想

གྲང་བ	drangwa	[名]	風邪
གྲང་བསིལ	drangsil	[形]	涼しい、ひんやりする、冷たい、冷静な冷淡な、かっこいい
གྲལ	dräl	[名]	列
གྲལ་ཁ་ལས་བཏོན	drä kha läs tön	[動]	取り除く、移す、脱ぐ、除く、除外する、締め出す、遮断する
གྲལ་ཁར་གཏོགས	drä kha tôk	[動]	巻き込む、伴う、参加する、関係する
གྲལ་ཁར་གཏོགས་མི	drä kha tôkmi	[名]	参加者、出場者、関係者
གྲུ་བཞི	dru(b)zhi	[名]	正方形、四角
གྲུ་བཞི་དཀྱུས་རིང	dru(b)zhi cüring		
		[名]	長方形
གྲུ་བཞི་ནར་ན	dru(b)zhi narna	[名]	長方形
གྲུ་གསུམ	drusûm	[名]	三角形、三角形の物

གྲུབ drûp ［動］ 成し遂げる、達成する、到達する、獲得する、果たす、満たす

གྲུབ་ཆུ drubchu ［名］ 聖水

གྲུབ་འབྲས drubdrä ［名］ 結果、結末、成果、達成、業績

གྲུབ་འབྲས་བསྟན drubdrä tön ［動］ 結果を示す

གྲུབ་འབྲས་འདོན་ནི drubdrä thönni ［動］ 結果を出す

གྲོས་ཐག dröthâ ［名］ 決定、決断、解決、判決、決意

གྲོས་ཐག་ཆོད་ནི dröthâ chöni ［動］ 決心する、決意する

གྲོས་ཚོགས drötshô ［名］ 会議、協議会、相談

གྲྭ་པ drâpa ［名］ 僧

གླ་འཁོར ’lakhor ［名］ タクシー

གླ་ངན ’la’ngän ［名］ 賃金、労賃、授業料、謝礼金、入場料、報酬

གླ་རྩི ’latsi ［名］ ジャコウ鹿

གླང ’lang ［名］ 雄牛

གླང་ཅུང་	’langcu	[名]	若雄牛
གླང་འཐབ	’lathap	[名]	闘牛
གླང་པོ་ཆེ	’langpoche	[名]	象
གླང་ལེབ	’langlep	[名]	石鹸
གླང་མོ་ཆེ	’lâmche	[名]	象
གླང་མོ་ཆེའི་མཆེ་ཞ	’lâmche’i cheu	[名]	象牙
བླི	’li	[名]	西洋ナシ
གླུ་འཐེན	’lu then	[動]	歌う
གློ་འཁོག་ནི	’lo khôni	[動]	咳をする、咳き込む
གློ་བུར་གྱི་རྐྱེན	’loburgi ken	[名]	出来事、事故、予期せぬ出来事、珍事件
གློ་ཚད	’lotshä	[名]	肺炎
གློ་ཚིལ	’lotshil	[名]	たん、唾、唾液
གློ་ཡུ་ཚ་ནད	’loyu tshanä	[名]	気管支炎
གློག་བརྙན	’lok’nyän	[名]	映画
གློག་བརྙན་ཁང	’lok’nyän khang	[名]	映画館
གློག་རྟ	’lokta	[名]	電気スイッチ
གློག་མེ	’lokme	[名]	電気、電力、電気学

གློག་མེ་བཏེག 'lokme têk ［動］ 明かりをつける、点灯する

གློག་མེ་འཕྲུལ་ཁང 'lokme thrükhang ［名］ 発電所

གློག་རིག 'lokrik ［名］ コンピューター

གློ་བ 'lou ［名］ 肺

གན་ཏི gänti ［名］ つるはし

དགའ་ནི gâni ［動］ 好き、好む

དགའ་ཏོག་ཏོ gâtokto ［名］ 幸福な、幸せな、元気のいい、愉快な、かわいらしい

དགའ་སྟོན gâtön ［名］ 祝祭、パーティ、祭り、儀式、祭典

དགའ་སྟོན་འབད་ནི gâtön bäni ［動］ 祝う、挙行する

དགའ་གདམ་རྐྱབ gâdam câp ［動］ 選ぶ、選択する

དགའ་སྤྲོ gâtro ［名］ 喜び、歓喜

དགའ་བའི་ལཱ gâwai lâ ［名］ 趣味、大好きな活動

དགའ་ཚོར gâtshor ［名］ 感謝

དགའ་ཚོར་བསྐྱེད gâtshor kê ［形］ 感謝する、ありがたく思う、恩を感じる

དགའ་ཚོར་འབད　〔44〕

དགའ་ཚོར་འབད　gâtshor bä　［動］ 感謝の意を表す、恩返しをする

དགའ་འཛུམ　gâdzum　［名］ 微笑み、微笑、笑顔

དགའ་བསུ　gâsu　［動］ 歓迎する、あいさつする

དགུང་ལོ　gunglo　［名］ 年齢、時期、時代

དགུན　gün　［名］ 冬、冬季

དགེ་བ　gewa　［名］ 徳、美徳

དགེ་བའི་ལཱ　gewai lâ　［名］ 徳行、善事

དགེ་བཤེས　geshe　［名］ ゲシェー

དགེ་སློང　ge’long　［名］ 僧侶

དགོངས་པ་རྫོགས　gongpa dzô　［動］ 亡くなる

དགོངས་ཕོག་བཏོན　gongpho tön　［動］ つるす、掛ける

དགོད་བྲ　gödra　［名］ 冗談、ジョーク

དགོད་བྲ་སི་སི　gödrasisi　［形］ おかしい、滑稽な、喜劇の

དགོད་བྲ་སླབ་ནི　gödra ’labni　［動］ 冗談を言う

བགའ་ནི　gâni　［動］ 笑う

བགའ་སྐད་ཤོར　gâkä shor　［動］ 笑いだす

བགེགས　gek　［名］ 悪霊、悪魔、魔性のもの

བགྲེས་ནི	dreni	［動］	老いる、年を取る、老ける
མགར་ཐབ	garthap	［名］	鍛冶場の炉、鍛冶場、鉄工所、かまど、溶解炉
མགར་བ	gâu	［名］	金属細工師、鍛冶、製造人、鍛冶屋
མགུ་འཁོར	gukhor	［名］	めまい感
མགུ་འཁོར་ནི	gu khorni	［動］	めまいがする、混乱する
མགུ་འཁོར་ནད	gukhor nä	［名］	めまい感
མགུ་འཁྲུ	cu chu	［動］	頭を洗う
མགུ་ཏོ	guto	［名］	頭、頭部、上部
མགུ་ཏོ་ན	guto na	［動］	頭痛がする
མགུ་ཤད	gushä	［名］	櫛、コーム
མགུ་ཤད་རྐྱབ	gushä câp	［動］	櫛ですく
མགོ་སྐོར་རྐྱབ	gokor câp	［動］	欺く、騙す
མགྱོགས་པར་མགྱོགས་པར	jôbajôba	［副］	速く、急いで、素早く、急速に
མགྱོགས་ཤོས	jokshö	［形］	速い、高速の
མགྱོགས་ལྷོད	joklhö	［名］	速度、速さ、スピード

མགྲིན་པ 〔46〕

མགྲིན་པ drinpa ［名］のど、咽喉、首

མགྲོན་བརྡ drönda ［名］招待、勧誘

མགྲོན་བརྡ་ཞུ drönda zhu ［動］招待する

ཁྲིམས་སྲུང་འགག་པ policeman ［名］警官、警察官

འགལ་བ gälwa ［名］欠点、短所、否定、否認、反対、矛盾

འགལ་ཟླ gälda ［形］反対側の
［名］反対者

འགུཔ་བདག gubdâ ［名］社長、主任、長、頭、実力者、支配者

འགོ go ［名］はじめ、始まり、初期、起源

འགོ་ཁྲིད་པ gothrip ［名］先導者、指導者、リーダー、首領、主将、指揮官

འགོ་དཔོན་གོངམ gopön gôm ［名］高官

འགོ་ལས golä ［名］始まり、開始

འགོར་ནི gorni ［動］時間をかける、時間を取る

འགྱུམ་རྡོ jamdo ［名］礎石、基礎、基礎原則

འགྱུར་ནི jurni ［動］ 変わる、変化する

འགྱུར་ནི་མེད་པ jurnimep ［形］ 不変の

འགྱུར་བ jurwa ［名］ 変化、変動

འགྱེལ་ཏ་རྒྱབ geta câp ［動］ 横滑りする、スリップする、滑り落ちる

འགྲོ་ཞོར་སྡོད་ཞོར jozhor dözhor ［副］ 偶然に、たまたま、付随して、偶発的に

འགྲོ་ས josa ［名］ 目的地、行き先、到着地、場所

འགྱོད་པ göpa ［名］ 後悔、残念、遺憾、悔恨

［動］ 酔う、興奮する

འགྲང་སྐད drangkä ［名］ げっぷ、噴火、爆音、爆発

འགྲན་བསྡུར drändur ［名］ 競争、試合、コンテスト

འགྲན་ཟླ་འབད་མི drända bämi ［名］ 競争者、競争相手

འགྲམ dram ［名］ 側、面、方

འགྲམ་སོ dram so ［名］ 臼歯

འགྲིབ་འགྲོ་ནི drib joni ［動］ 減らす、少なくす

る、だんだん小さくなる、次第に減少する、欠ける、弱くなる、衰える

འགྲུབ་ཉི drubni ［動］成し遂げる、達成する、果たす、遂行する、完了する

འགྲུལ་སྐྱོད drülcö ［名］旅、旅行

འགྲུལ་འཁོར་གཏང་མི drülkhor tangmi ［名］運転手

འགྲུལ་འཁོར་གདོང་ཐུག drülkhor dongthû ［名］自動車衝突

འགྲུལ་པ drülpa ［名］旅行者、旅人、乗客、旅客、搭乗者

འགྲེམ་ཁང dremkhang ［名］郵便局

འགྲེམ་སྟོན་འབད་ཉི dremtön bäni ［動］展示する、陳列する、飾る

འགྲེམ་ཐིའུ dremthiu ［名］郵便切手

འགྲེམ་ཤོག dremshôk ［名］はがき、絵葉書

འགྲེལ་བཤད་རྐྱབ drelshä câp ［動］説明する、述べる、記述する、描

〔 49 〕　　　　　　　　　　　　　 རྒྱ་ཤུག

			写する
འགྲོ་འགྲུལ	drodrül	[名]	旅、旅行
འགྲོ་འགྲུལ་འབད་ནི	drodrül bäni	[動]	旅行する
འགྲོ་སོང	drosong	[名]	支出、消費、浪費、費用
འགྲོ་སོང་གཏང	drosong tang	[動]	費やす、支出を招く
འགྲོས་ཀྱིས་སྦེ	drögibe	[副]	だんだんに、ゆっくりと
རྒན་འཁོགས	gänkhô	[形]	年を取った、老いた、老年の、老齢の
རྒས་ནི	gäni	[動]	年を取る
རྒུན་འབྲུམ	gündrum	[名]	ブドウ
རྟོངམ	göm	[名]	雌馬
རྒྱ་གར	jagar	[名]	インド、インド人
རྒྱ་ནག	janâ	[名]	中国
རྒྱ་ནག་ཀོང་ཙེ	janâ kongtse	[名]	パイナップル
རྒྱ་བོ	jawo	[名]	口髭
རྒྱ་བོ་བྲེག་ནི	jawo trêni	[動]	剃る
རྒྱ་མཚོ	jamtsho	[名]	海、湖
རྒྱ་ཤུག	jashû	[名]	ナツメの実、ビャクシンの木

རྒྱགས་ཚད jâktshä ［名］たくさん

རྒྱང jang ［名］距離、道のり、間隔

རྒྱང་བསྒྲགས jangdrâ ［動］放送する

རྒྱང་བསྒྲགས་ལས་འཛིན jangdrâ lädzin ［名］テレビ局

རྒྱང་མཐོང jangthong ［名］テレビ

རྒྱང་རིང jangring ［形］遠い、遠隔の

རྒྱབ jab ［前］～のあとに、後ろに

རྒྱབ་སྐྱོར་འབད་ནི jabcor bäni ［動］支える、支持する、援助する、後援する

རྒྱབ་སྐྱོར་འབད་མི jabcor bämi ［名］支持者、援助者、後ろだて、賛成者

རྒྱམ་ཐོག jamthô ［名］屋根裏、屋根裏部屋

རྒྱམ་ཞོལ jamzhöl ［名］あごひげ

རྒྱལ gä ［名］賭け

རྒྱལ་ཁ gäkha ［名］勝利、勝利

རྒྱལ་ཁ་ཐོབ་མི gäkha thobmi ［名］勝者、優勝者

རྒྱལ་ཁབ gäkhap ［名］国、国家、王国

རྒྱལ་ཁབ་ལུ་ཤ་ཚ	gäkhab lu shatsha	［名］ 愛国心
རྒྱལ་ཁབ་ལུ་ཤ་ཚ་མི	gäkhab lu sha tshami	［名］ 愛国者
རྒྱལ་གླུ	gä'lu	［名］ 国歌
རྒྱལ་རྟགས	gältâk	［名］ 国章
རྒྱལ་དར	gäldar	［名］ 国旗
རྒྱལ་དར་འཕྱར་ནི	gäldar charni	［動］ 国旗を掲揚する
རྒྱལ་པོ	gäpo	［名］ 王、君主、王権者
རྒྱལ་སྤུང་ནི	gä pungni	［動］ 賭ける
རྒྱལ་སྤྱི	gälci	［形］ 国際的な
རྒྱལ་ཕམ	gälpham	［名］ 勝ち負け
རྒྱལ་མི	gämi	［名］ 勝者
རྒྱལ་བཙུན	gältsün	［名］ 王女、王妃
རྒྱལ་གཞུང	gälzhung	［名］ 王国政府
རྒྱལ་བཞག་ནི	gä zhâni	［動］ 賭ける
རྒྱལ་ཡོངས་སྐད་ཡིག	gälyong käyik	［名］ 公用語、国語
རྒྱལ་ཡོངས་གྱོན་ཆས	gälyong gönchä	［名］ 民族衣装
རྒྱལ་ཡོངས་དུས་ཆེན	gälyong düchen	［名］ ナショナルデー
རྒྱལ་རབས	gälrap	［名］ 歴史、史学
རྒྱལ་ས	gälsa	［名］ 首都、中心地

རྒྱལ་སྲས gälsä ［名］王子

རྒྱུ་དངོས jungö ［名］財産、資産、富

རྒྱུ་ཆ jucha ［名］原材料、原料、素材

རྒྱུ་དག་ཐྲངམ judâthrâm ［名］真っ直ぐな、正直な、率直な、簡単な、誠実な

རྒྱུ་མ juma ［名］腸、腸詰

རྒྱུ་མཚན་འདི་ལུ་བརྟེན་ཏེ jumtshän dilu tente ［副］というわけで、このような理由で

རྒྱུག་ནི jukni ［動］走る

རྒྱུག་ཤུགས jukshuk ［名］速度、速さ、速力

རྒྱུགས jûk ［名］試験

རྒྱུན་འགྲུལ jündrül ［名］交通、通行、交通量

རྒྱུན་ཆད་ནི jünchäni ［動］遮る、中断する、中止する、やめる

རྒྱུན་དུ jündu ［副］常に、いつでも

སྒམ gam ［名］箱、容器、ケース

སྒར gar ［名］キャンプ、野営

སྒལ་ཏོ gäto ［名］背中

སྒལ་ཏོ་ན gäto na ［名］腰痛

སྒལ་ཚིགས	gältshik	[名]	背骨、脊柱
སྒལཔ	gäp	[名]	背中
སྒུགས་ཤིག	gûsh	[動]	ちょっと待つ
སྒེར	ger	[形]	私的な、個人の
སྒོ	go	[名]	ドア、扉、入口、玄関
སྒོ་ཅུང	gocu	[名]	窓
སྒོ་ལྕགས	gocâ	[名]	南京錠
སྒོ་བསྡམ་ནི	go damni	[動]	ドアを閉める
སྒོ་ནོར	gonor	[名]	家畜
སྒོ་ཕྱེ	go che	[動]	ドアを開ける
སྒོ་ར་སྒོ	gora go	[名]	入口
སྒོ་རས	gorä	[名]	ドアカーテン
སྒོ་ལས	golä	[副]	～を通って、～経由で、～によって、～を用いて
སྒོ་ཨང	go'ang	[名]	部屋番号、ドア番号
སྒོགཔ	gôp	[名]	玉ねぎ
སྒོང་རྡོག	gongdô	[名]	卵
སྒོམ	gom	[名]	瞑想、黙想
སྒོར་སྒོརམ	gorgôm	[名]	円、円状の物

སྒོར་ལྟབ gortap ［名］ジグザグ道

སྒྱུ་མ juma ［名］魔法、魔術、手品

སྒྱུ་མ་མཁན jumakhän ［名］魔術師、手品師

སྒྱུར་ནི jurni ［動］～を変える、変化させる、変更する

སྒྱུར་བཅོས jurcö ［名］変化、変更、修正

སྒྱུར་བཅོས་འབད་ནི jurcö bäni ［動］修正する、改める、緩和する

སྒྲ dra ［名］音、声、調子

སྒྲ་དག་སྤུས་དག dradâ püdâ ［形］完全な、理想的な、欠けていない

སྒྲིག་ལམ driklam ［名］しつけ、礼儀作法、エチケット

སྒྲིག་ལམ་རྣམ་གཞག driklam 'namzha ［名］特別なエチケット、社会における公式的な振る舞いの規則

སྒྲིང་ཁྱིམ dringchim ［名］建築物

སྒྲིང་སྒྲིང dringdring ［形］硬い、堅固な、安定した、変動のない

[55]   བསྒྲིག་བསྟུན་ནི

སྒྲིང་སྒྲིང་བསྡམ་ནི dringdring damni

[動] 硬く縛る、結びつ
ける

སྒྲིང་སྒྲིང་བེ dringdringbe [副] 堅く、堅固に、しっ
かりと、丈夫に、頑
丈に

སྒྲོམ drom [名] 箱

བརྒལ་ནི gälni [動] 横切る、渡る、通り
過ぎる

བརྒྱ་ཆ jacha [名] パーセント、百分

བརྒྱ་ལམ་རེ jalamre [副] 時折、たまに、時々、
まれに

བརྒྱུག་ནི jûkni [動] 走る

བརྒྱུད་དེ jüde [前] ～を経て、～経由で

བརྒྱུད་པ jüpa [名] 子孫

བརྒྱུད་འཕྲིན jüthrin [名] 電話、電話機

བརྒྱུད་འཕྲིན་ཨང jüthrin 'ang [名] 電話番号

བསྒང gang [接] ～のとき、～の時
点で、～の間中

བསྒུག་ནི gukni [動] 待つ、待機する

བསྒྲིག་བསྟུན་ནི giktani [動] 比較する、対照する

བསྒྱིམ gim ［動］気を付ける

བསྒྱིར་ནི girni ［動］回転させる、回る、循環する、交代する

བསྒྱུར་ནི jurni ［動］変える、変更する

བསྒྱོམ་ནི jomni ［動］集める、収集する

བསྒྲིལ་ནི drîni ［動］折る、折りたたむ、転がる

བསྒྲུབ་ནི drubni ［動］完了する、終える、仕上げる、成し遂げる、完成する

བསྒྲོམ་ནི dromni ［動］集める、収集する

ང

ང nga ［名］私

ང་རྒྱལ ngagä ［名］自我、うぬぼれ、自尊心、自慢、得意、満足

ང་རྒྱལ་ཅན ngagäcän ［形］傲慢な、横柄な、尊大な

ང་བཅས ngacä ［代］私たち

ང་བཅས་ར	ngacä ra	[代]	私たち、私たち自身
ང་བཅས་རའི	ngacä rai	[代]	私たちの
ང་བཅས་རེ་རེ	ngacä rere	[代]	私たちそれぞれ
ང་རང་	ngara	[名]	私、私自身
ང་ལས	ngalä	[副]	私から
ང་ལུ	ngalu	[副]	私に
ངག་ཐོག་ལས	ngakthôlä	[副]	口頭で、言葉で
ངང་པ	ngangpa	[名]	白鳥
ངང་ལག	nganglâ	[名]	バナナ
ངན	ngän	[名]	魔術、妖術
ངན་རྟགས	ngäntak	[名]	悪い前兆
ངན་པ	ngänpa	[形]	悪い、下級の、劣った
ངན་སོང	ngänsong	[名]	地獄、修羅場
ངན་ལྷད	ngänlhä	[名]	汚職、買収、腐敗、堕落、邪悪、破損
ངར	ngar	[名]	気分、気質
ངར་གདོང	ngardong	[名]	すね、向うずね、すねの骨
ངལ་ཉེ	ngäni	[動]	疲れる、飽きが来る

ངལ་བཅུག་ནི 〔 58 〕

ངལ་བཅུག་ནི	ngä cuni	［動］	飽きさせる
ངལ་འཚོ་ནི	ngä tshoni	［動］	休息を取る、休む
ངལ་འཚོ་ས	ngä tshosa	［名］	休息所、休憩所
ངེ་གི	ngegi	［代］	私のもの、私の
ངེའི	nge'i	［代］	私の、私のもの
ངོ	ngo	［名］	顔、外見、外観、出現、容姿、風貌
ངོ་བསྟོད	ngotö	［名］	お世辞、むやみな賛辞
ངོ་བསྟོད་རྒྱབ	ngotö câp	［動］	お世辞を言う
ངོ་པར	ngopar	［名］	写真
ངོ་པར་བཏབ	ngopar tâp	［動］	写真を撮る
ངོ་སྤྲོད	ngotrö	［名］	紹介、導入、伝来、渡来
ངོ་སྤྲོད་འབད	ngotrö bä	［動］	紹介する
ངོ་སྦྱོར་ལག་ཁྱེར	ngojor lâkher	［名］	身分証明書
ངོ་མ	ngoma	［形］	本当の、本物の、真の現実の、現在の
ངོ་མིང	ngoming	［名］	名前
ངོ་ཚ་ནི	ngo tshani	［動］	照れる、気が引ける

ངོ་ཚ་མེད་པ་	ngo tshamep	[形]	恥知らずの、ずうずうしい
ངོ་ཚ་རི་རི་	ngo tshariri	[形]	気恥ずかしい、決まりの悪い、厄介な
ངོ་ཚ་སི་སི་	ngo tshasisi	[形]	恥ずべき、下品な、気恥ずかしい、厄介な
ངོ་ཤེས་མི་	ngo shemi	[名]	知り合い、知人
ངོ་ཤེས་བཟོ་	ngoshe zo	[動]	知られる
ངོ་སྲུང་འབད་	ngosung bä	[動]	メンツを保つ、顔を立てる
ངོམ་སྟོན་	ngom tön	[動]	自慢する、鼻にかける、自己顕示する、目立とうとする
ངོམས་ནི་	ngom	[動]	満足する
དངུལ་	'ngül	[名]	銀、お金
དངུལ་ཀྲམ་	'ngültram	[名]	ニュルタム、ブータンの通貨
དངུལ་རྐྱང་	'ngülcang	[名]	現金
དངུལ་ཁང་	'ngülkhang	[名]	銀行
དངུལ་ཁྲལ་	'ngülthrä	[名]	税金

དངུལ་ཕོགས 〔 60 〕

དངུལ་ཕོགས	'ngüphô	[名] 給料、賃金
དངོས་གནས་དྲང་གནས	'ngo'nä drang'nä	
		[副] 実際は、本当は
དངོས་པོ	'ngöpo	[名] 商品、生地、論文、品物
དངོས་མེད	'ngöme	[形] 目に見えない、漠然とした、不可解な、実体のない
དངོས་སུ	'ngösu	[形] 実在の、現実の、本当の
མངའ་བདག་སྐུ་འཁོར	'ngadâ kukhor	[名] 王族
མངའ་འབངས	'ngabang	[名] 国民、人民、市民
མངར་ཆུ	'ngâchu	[名] 清涼飲料
མངར་ཇ	'ngâja	[名] 甘いミルクティー
མངར་ཏོང་ཏོ	'ngâtongto	[名] 甘味
མངར་ཟས	'ngârzä	[名] 甘いもの、甘い食べ物、砂糖菓子
མངར་རིགས་ཁམས	'ngâri kham	[名] アンズ (の木)、桃
མངར་སང་ས	'ngârsangsa	[形] 新鮮な、新しい
མངརམོ	'ngâm	[形] 甘い
མངལ	ngäl	[名] 子宮

མངལ་ཆགས	ngälchâ	［名］	妊娠、妊娠期間
མངོན་རྟགས	’ngöntak	［名］	症状、兆候
མངོན་མཐོ	’ngöntho	［形］	上位の、上等の、優れた、高い、地位の高い、高貴な
རྔ	’nga	［名］	太鼓、ドラム
རྔམ་ཏོག་ཏོ	’ngatôto	［形］	素敵な、不思議な、素晴らしい、見事な、奇妙な、変な
རྔུལ་ནག	’ngünâ	［名］	汗
རྔུལ་ནག་ཐོན	’ngünâ thön	［名］	汗をかく
སྔ་དྲོ	’ngadro	［名］	朝、午前
སྔགས	’ngâ	［名］	マントラ、真言
སྔར་བཞིན	’ngarzhin	［副］	いつもの通り、例によって、相変わらず
སྔར་སྲོལ	’ngarsöl	［名］	風習、習慣、習わし、伝統
སྔུ་ནི	’nguni	［動］	なく
སྔོ་སྨན	’ngo’män	［名］	薬草
སྔོ་ཤིང་	’ngoshing	［名］	植物、草木、木
སྔོན་བྱོན	’ngönjön	［名］	先祖、祖先

སྔོན་རྩིས་བརྟོན	’ngöntsi tön	［動］	見積もる
བརྔ་ནི	’ngani	［動］	刈る、刈り取る、摘み取る
བརྔོ་ནི	’ngoni	［動］	油でいためる、揚げる

ཅ

ཅ་ཆས	cachä	［名］	商品、物、事物、品物
ཅ་ལ	cala	［名］	物、事物
ཅ་ལ་རྙིངམ	cala ’nyîm	［名］	アンティーク、骨董品
ཅིན	cin	［接］	もし〜ならば
ཅོག་གཅིགཔ	côkcîp	［形］	同じ、変わらない、類似の、同様の
ཅོབ་ཤིང	côpshing	［名］	箸
གཅད་ནི	cäni	［動］	切る、切断する
གཅིག་ཁར	cikhar	［副］	一緒に、共に、共同で
གཅིག་ཁར་འགྲིགས	cikhar drik	［動］	まとめる、組み立てる、構成する、一

[63]   བཅུད

			緒にする、和解さ せる
གཅིག་གིས་གཅིག་ལུ	cigi cilu	[副]	お互いに
གཅིག་འབད་བ་ཅིན	cî bäwa cin	[副]	たぶん、もしかする と、他方
གཅིག་ར	cîra	[形]	唯一の、無比の、 たった一人の、孤 立した、独特の
གཅུན་གཟེར	cünzer	[名]	ねじ、ビス
གཅེས་པའི་སེམས་ཅན	cepai semcän	[名]	ペット
བཅག་ནི	câni	[動]	壊す、減ずる
བཅའ་སྒྲིག	câdrî	[名]	用意、準備、支度、 心構え、手配、整頓
བཅའ་སྒྲིག་རྐྱབ	câdrî câp	[動]	手配する、準備す る、用意する
བཅིང	cing	[動]	縛る、結びつける、 留まる、しがみつ く、くくる
བཅིང་དོརམ	cingdôm	[名]	ズボン、パンツ
བཅུག་ནི	cûni	[動]	許す、許可する
བཅུད	cü	[名]	栄養、本質

ལྕགས	câ	［名］	鉄
ལྕགས་ཁབ་ལེན	câ khablen	［名］	磁石
ལྕགས་ཟམ	câkzam	［名］	鉄橋
ལྕང་སོན	cangsön	［名］	イネ種子
ལྕངམ	câm	［名］	田植え
ལྕམ་སྲིང	camsing	［名］	姉妹、姉、妹
ལྕུག་ཀུ	cugu	［名］	つぼみ、芽
ལྕེ	ce	［名］	舌
ལྕེ་ཆུང	cecu	［名］	扁桃腺
ལྕོགས་གྲུབ	côkdrup	［名］	能力、才能、素質
ལྕོགས་གྲུབ་ཅན	côkdrupcän	［形］	能力がある、有能な優秀な、適任で
ལྕོང་འབུཔ	congbup	［名］	ミミズ
ལྕོང་མོ	congmo	［名］	オタマジャクシ

ཆ

ཆ་ཁྱབ	chachap	［形］	複数形を作る
ཆ་སྙོམས	cha’nyom	［名］	平均、標準、集合
ཆ་མཐུན	chathün	［形］	類似の、同様の、似ている
ཆ་མེད་གཏང	chamê tang	［動］	取り消す、中止す

			る、無効にする
ཆ་བཞག་ནི	cha zhâni	［動］	信じる、確信する、信頼する
ཆ་རོགས	charô	［名］	友達、友人、同僚、援助、支援
ཆ་རོགས་འབད	charô bä	［動］	助ける、援助する、支援する、手助けする
ཆ་ལུགས	cha'lûk	［名］	風習、慣習、生活様式
ཆང	chang	［名］	アルコール
ཆང་སྐོལ	changkö	［名］	穀物を発酵させた飲み物
ཆང་ཁང	changkhang	［名］	酒屋、酒店、酒場、飲み屋
ཆང་གི་ཕབས	changi phap	［名］	酵母発酵
ཆང་གཅད་ནི	chang cäni	［動］	アルコール飲料を飲むのをやめる
ཆང་ནད	changnä	［名］	二日酔い
ཆང་ལོང་ནི	chang longni	［動］	発酵する
ཆད་འཐུས	chäthü	［名］	罰、罰金

ཆབ་གསང　〔 66 〕

ཆབ་གསང chabsang ［名］ トイレ、便所、洗面所、化粧室、お手洗い

ཆབ་གསང་བསྡམ་ནད chabsa damnä ［名］ 便秘

ཆབ་གསང་ཤོག་གུ chabsa shogu ［名］ トイレットペーパー

ཆབ་གསང་བཤལ་ནད chabsa shälnä ［名］ 下痢

ཆར་ཆུ་མེདཔ charchu mep ［名］ 水不足、日照り、干ばつ、渇水

ཆར་བྱི char(b)ji ［名］ 燕

ཆརཔ châp ［名］ 雨

ཆརཔ་རྒྱབ châp câp ［名］ 雨が降る

ཆུ chu ［名］ 水、液体、尿

ཆུ་བཀྲམ་སྤེལ chu trampel ［名］ 水道、給水、水の配給

ཆུ་ཁ chu ka ［名］ 水資源、噴水、水源、源泉

ཆུ་ཁོལ་ཁོལཝ chu khökhöu ［名］ 沸騰させた水

ཆུ་འཁོར chukhor ［名］ 水車小屋

ཆུ་འཁོར་མ་ཎི chukhor mani ［名］ 水で動くマニ車、地蔵者

ཆུ་འཁྲུ chu chû ［動］ 入浴する、洗う

ཆུ་དོང་	chudong	[名]	井戸
ཆུ་དྲང་	chu drang	[動]	水を撒く、水をやる
ཆུ་ནང་བཙུགས་	chu nang tsû	[動]	沈む、つける、浸す
ཆུ་ཕག་	chuphâ	[名]	カバ
ཆུ་རྩལ་	chutsäl	[動]	泳ぐ、浮かぶ
ཆུ་རྩལ་རྫིང་	chutsäl dzing	[名]	スイミングプール
ཆུ་ཚ་ཏོམ་	chu tshatom	[名]	湯、湯水
ཆུ་ཚོད་	chutshö	[名]	時間、時
ཆུ་ཚོད་འཁོར་ལོ་	chutshö khorlo	[名]	時計
ཆུ་འཛོམས་	chu(n)dzom	[名]	川の合流点
ཆུང་ཀུ་	chungku	[形]	小さい、少ない
ཆུང་ཀུ་ཅིག་	chungku cî	[形]	ちょっと、少量の、少ない、小さい
ཆུམ་	chum	[名]	米
ཆུམ་དམར་པོ་	chum 'mâp	[名]	赤米
ཆེ་ཆུང་	chechung	[名]	大小、大きさ
ཆེན་མོ་	chenmo	[形]	大きい、偉大な
ཆོ་ཏོ་	choto	[名]	くちばし
ཆོད་ཉི་	chöni	[動]	決める、決定する
ཆོར་ཉི་	chôni	[名]	暗唱する能力
ཆོས་	chö	[名]	法、正しい行い、

			徳、現象
མཆན་ཁུང	chänkhung	［名］	脇の下
མཆིན་པ	chinpa	［名］	肝臓、きも、レバー
མཆེ་བ	cheu	［名］	犬歯、糸切り歯
མཆོད་ཀོང	chökong	［名］	ランプ、バターランプ
མཆོད་རྟེན	chöten	［名］	仏舎利塔
འཆམ	cham	［名］	仮面舞踏
འཆམ་རྒྱབ	cham câp	［動］	仮面舞踏をする
འཆམ་ཁ	chamkha	［名］	瞑想、黙想、落ち着くこと
འཆམ་ཁ་བཟོ	chamkha zo	［動］	瞑想する、黙想する、落ち着く、ゆったりする
འཆམ་ཏོག་ཏོ	chamtôto	［形］	親しい、親密な
འཆམ་མཐུན	chamthüm	［形］	信頼できる、優しい、親切な、親しい、親密な
འཆམ་ནི	chamni	［動］	仲良くする、仲直りさせる、和解させる

འཆམ་པ	champa	［名］	仮面ダンサー
འཆར་གཞི	charzhi	［名］	計画、予定
འཆར་གཞི་བཏིང	charzhi ting	［動］	計画を立てる、計画を練る

ཇ

ཇ	ja	［名］	お茶
ཇ་ཐང་	jathang	［名］	紅茶
ཇ་ཐུར	jathur	［名］	茶さじ
ཇ་མར	jamar	［名］	お茶用のバター
ཇ་ཚག	jatsâ	［名］	茶こし器
ཇ་རྩམ	jatsam	［名］	茶菓子
ཇ་སྲུམ	jasum	［名］	バター茶用のかくはん器
ཇུ་ཏ	juta	［名］	靴
ཇོ་མོ་ལྷ་རི	jomo lhari	［名］	ジョモラリ（ブータンにある山の名前）
ཇོ་ལ	jola	［名］	バッグ、カバン
མཇུག་ལས་མཇུག་སུ	jûk lä jûksu	［副］	将来は、今後は、これからは、長い目で見れば、長期的

には、結局は

མཇུག་ལུ jûlu ［副］ 結局、ついに、最終的に、とうとう、結論として、要するに

མཇུགམ jûm ［名］ 尻尾

མཇེ je ［名］ 陰茎、ペニス

འཇམ་ཙུག་ཙུ jamcûcu ［形］ 滑らかな、スベスベした、柔らかい

འཇམ་ཏོང་ཏོ jamtongto ［形］ 簡単な、単純な、複雑でない、率直な

འཇམ་ཏོང་ཏོ་སྦེ jamtongtobe ［副］ 容易に、たやすく、苦も無く、あっけなく、気楽に、安易に

འཇའ jâ ［名］ 虹

འཇའ་རིསམོ jârim ［形］ かわいい、素敵な、きれいな

འཇལ་ནི jälni ［動］ 重さをはかる

འཇལ་ཚད jältshä ［名］ 長さ、寸法、大きさ

འཇིག་རྟེན jigten ［名］ 世界、地球

འཇིགས་སྐྲག jiktrâ ［名］ 恐れ、恐怖、心

			配、不安、懸念
འཇིབ་ནི	jibni	［動］	吸う、吸い込む
བརྗོད་སྒྲ	jödra	［名］	発音
ལྗགས	jâ	［名］	舌、言葉、言語、方言
ལྗིད	jî	［名］	重さ、重量
ལྗིད་ཅན	jîcän	［形］	重い、重大な、深刻な
ལྗིད་བཏགས	jî tâk	［動］	太る、体重が増える、重くなる
བརྗེ་སོར་རྒྱབ	jesor câp	［動］	交換する、両替する
བརྗེ་སོར་གོང་ཚད	jesor gongtshä	［名］	為替レート
བརྗེད་ནི	jêni	［動］	忘れる、思い出せない

ཉ

ཉ	nya	［名］	魚
ཉ་གང་ཟླ་བ	nyagang dawa	［名］	満月
ཉ་ཤ	nyasha	［名］	魚肉
ཉ་གསོ་ཁང	nya sokhang	［名］	漁業、水産業

ཉ་གསོ་སྒྲོམ 〔 72 〕

ཉ་གསོ་སྒྲོམ nya sodrom ［名］水族館

ཉག་རྐྱང nyakcang ［形］混じりけのない、純粋な、澄んだ

ཉམ་ཆུང nyamchung ［形］謙虚な、謙遜する、易しい、簡素な、質素な、優しい、寛大な

［名］穏やかな人、優しい人、温和な人

ཉམ་ཐག་ནི nyamthâkni ［動］疲れる、疲れ果てる、情けない

ཉམས nyam ［名］脂肪、脂質、ぜい肉、肥満

ཉམས་དགའ nyamgâ ［名］心地よさ、快適さ、癒し、楽しみ、喜び、満足

ཉམས་རྒྱགས་ནི nyam jâkni ［動］太る

ཉམས་ཆག nyamchâ ［名］1. 損傷、破損、裂け目　2. 契約を守らないことで起こる運命的な減退

ཉམས་ནི nyamni ［動］悪化する、低下す

			る、退廃する、減少する、衰える、退化する
ཉམས་ཚོད	nyamtshö	［名］	態度、気質、素質、意向
ཉམས་ཚོད་བལྟ་ནི	nyamtshö tani	［動］	態度を検査する、試験する
ཉལ་ཁང	nyäkhang	［名］	寝室
ཉལ་ནི	nyäni	［動］	寝る、就寝する
ཉི་མ	nyima	［名］	太陽、日光
ཉི་མའི་དགུང	nyimai gung	［名］	正午、真昼
ཉི་མའི་ལྟོ	nyimai tô	［名］	昼食、お昼ごはん
ཉིན་དགུང	nyin gung	［名］	正午、真昼
ཉིན་བསྟར	nyintar	［形］	毎日の、日常の
ཉིན་གདུགས	nyindû	［名］	傘
ཉིན་མཚན་མེད་པ	nyintshän mepa	［副］	いつも、常に、絶えず、何度も
ཉིན་རེ་བཞིན	nyinre zhin	［名］	毎日
ཉིནམ	nyim	［名］	日
ཉེན་ཁ	nyenkha	［名］	危険性、恐れ、危険
ཉེན་ཁ་ཅན	nyenkhacän	［形］	危険な、冒険的な、

ཉེན་ཁ་མེད་པ　　　　〔 74 〕

			代替な
ཉེན་ཁ་མེད་པ	nyenkha mep	[形]	安全な、無事な
ཉེ་སུ	nyeu	[名]	血縁者、身内、親戚
ཉོ་ཚོང	nyo(p)tshong	[名]	買い物、ショッピング
གཉའ་རྒོད	'nyagö	[名]	たくましい人、強い人
གཉའ་རས	'nyarä	[名]	クロスベルト
གཉིད	'nyî	[名]	睡眠、眠り
གཉིད་ལམ	'nyîlam	[名]	夢
གཉིད་ལམ་མཐོང་ནི	'nyîlam thongni	[動]	夢を持つ、夢を見る
གཉིད་ལོག་ནི	'nyî lôkni	[動]	寝る、睡眠する
གཉིད་ལོག་ལོགས	'nyî lôlôp	[形]	眠っている
གཉིད་སད་ནི	'nyî säni	[動]	目覚める、起きる
གཉིས་ཀ	'nyika	[代]	両方、双方
གཉེན་རྐྱབ་ནི	'nyen câpni	[動]	結婚する
གཉེན་ཟླ	'nyenda	[名]	配偶者
གཉེར་མ	'nyerma/nyerma	[名]	しわ
མཉམ་གཅིག	'nyamcî	[副]	一緒に、共に
མཉེས་ནི	'nyeni	[動]	喜ぶ、満足する、気

			に入る
མཉེས་ཤོས	'nyeshö	[形]	お気に入りの、大好きな、好みの
སྙན	'nyän	[名]	耳
སྙན་ཆ	'nyäncha	[名]	音楽
སྙན་ཆས	'nyänchä	[名]	楽器
སྙིང་རྗེ	'nyingje	[名]	思いやり、慈悲心
སྙིང་ཐག་པ་ལས	'nying thakpa lä	[副]	心の底から
སྙིང་མཐུན	'nyingthün	[名]	最愛の人、可愛らしい人、恋人
སྙིང་པོ	'nyingpo	[名]	本質、特質、エッセンス、エキス
སྙིང་བརྩེ	'nyingtse	[形]	愛情あふれた、愛情ある、親愛な、いとしい
སྙིང་ཚིམ	'nying tshim	[名]	満足
སྙིང་རུས	'nyingrü	[名]	忍耐力、粘り強さ、根気、不屈の精神、熱意
སྙིང་རུས་བསྐྱེད་ནི	'nyingrü keni	[動]	やり抜く、我慢する、辛抱する、言い

張る

སྙིང་རུས་ཅན 'nyingrücän ［形］ 勤勉な、熱心な

སྙིང་རླུང 'nying'lung ［名］ 怒り、憤り、憤慨

སྙུང་གཞི 'nyungzhi ［名］ 病気

སྙུང་གཞི་དྭངས་ནི 'nyungzhi dangni ［動］ 回復する、立ち直る、病気から回復する、健康を取り戻す

བརྙ་ནི 'nyani ［動］ 借りる

བརྙ་བར་སྦྱིན་ནི 'nyawar jinmi ［動］ 貸す

*བསྙུང་ནི 'nyungni ［動］ 病気になる

ཏ

ཏི་རུ tiru ［名］ お金

ཏི་རུ་སྤྲོད་ནི tiru tröni ［動］ お金を払う、支払う

ཏི་རུ་མེད tiru mê ［形］ 金のない、無一文の

ཏིག་ཀྲང tikcang ［名］ コイン、硬貨

གཏན་ཀྲང täncang ［副］ いつも、日夜、相変わらず、以前からずっと

གཏམ་རྒྱུད	tamjü	［名］	伝説、言い伝え、寓話、物語
གཏིང་ཅན	tingcän	［形］	深い、深さがある
གཏིང་དཔོག	ting pôk	［副］	深さで、徹底的に
གཏིང་མེདཔ	ting mep	［形］	浅い、奥行きのない
གཏིང་ཟབ	ting zap	［名］	深さ、深み
གཏུབ	tup	［動］	切る、切り刻む
བཏུབ	tup	［名］	OK, 大丈夫
བཏུབ་ག	tup ga	［疑］	大丈夫ですか
རྟ	ta	［名］	馬
རྟ་རྒོདམ	ta göm	［名］	雌馬、雌ロバ
རྟ་ཕོ་ཆེན	ta phochen	［名］	去勢された雄馬
རྟ་གསེབ	tasep	［名］	種馬、雄馬
རྟིང་ལས	tinglä	［副］	あとで、後ほど、その後
རྟིའུ	ti'u	［名］	子馬、子ロバ
རྟེན་འབྲེལ་བརྩི་སྲུང་འབད་ནི	têndrê tsisung bäni	［動］	祝う、記念する
ལྟག་མགོ	tâko	［名］	首
ལྟེཝ	teu	［名］	へそ
ལྟོ	tô	［名］	食べ物、食事

སྟོ་ཁ	tôkha	［名］	ごちそう、祝宴、宴会
སྟོ་ཁམས	tôkham	［名］	食欲
སྟོ་ཚང	tôtshâ	［名］	同僚、仲間、友達
སྟ་རི	tari	［名］	斧
སྟག	tâ	［名］	虎
སྟག་ཚེར་མེ་ཏོག	tâktsher metô	［名］	バラの花
སྟར་ཀོ	tâgo	［名］	クルミ
སྟི་སྭོ	tiso	［名］	敬礼、挨拶、会釈
སྟི་སྭོ་ཞུ་ནི	tiso zhuni	［動］	敬礼する、挨拶する、会釈する
སྟུག་པག་པ	tûpakpa	［形］	濃い、深い、厚い
སྟུག་ཚད	tûktshä	［名］	厚いこと、濃さ、深さ
སྟོན་ནི	tönni	［動］	1. 教える、指導する　2. 示す、見せる
སྟོན་བྱིན་ནི	tön (b)jinni	［動］	案内する、命令する、説明する、教える
བལྟ་སྐོར	tâkor	［名］	観光、小旅行、

			ツアー
བལྟ་སྐོར་འབད་ནི	tâkor bäni	［動］	訪れる
བལྟ་སྐོར་འབད་མི	tâkor bämi	［名］	旅行者
བལྟ་ནི	tâni	［動］	見る
བལྟ་བཤལ	tâshäl	［名］	観光旅行、観光客
བལྟ་བཤལ་པ	tâshälpa	［名］	観光旅行者、訪問者、観光客

ཐ

ཐག་གཅད་ནི	thâkcäni	［動］	決める、決断する、解決する
ཐགས་འཐག་ནི	thâ thâkni	［動］	機を織る、織る
ཐགས་འཐག་མི	thâ thâkmi	［名］	織り手、編む人
ཐགས་རས	thâkrä	［名］	織布
ཐང	thang	［名］	平原、平野、地面、土地
ཐང་ཤིང	thang shing	［名］	松の木
ཐད་སྒོརམ	thägôm	［名］	円
ཐབ་ཁུང་	thabkhung	［名］	暖炉
ཐབ་ཆས	thabchä	［名］	台所用品
ཐབ་ཚང	thabtshang	［名］	台所

ཐབ་ཚང་པ

[80]

ཐབ་ཚང་པ	thaptshangpa	[名]	料理人
ཐབ་ཤིང	thab shing	[名]	薪
ཐི་བི་རྒྱལ་མོ	thithigäm	[名]	ハト
ཐིག	thî	[名]	線、直線
ཐུང་ཀུ	thungku	[形]	短い、低い
ཐུང་དྲགས	thungdrâ	[形]	とても短い、低い
ཐུན	thün	[名]	祈り、祈祷、祈願
ཐུརམ	thûm	[名]	スプーン
ཐུརམ་རྩེ་ཅནམ	thûm tsecäm	[名]	フォーク
ཐེད་སྟོང	thetong	[名]	ヒマラヤ松
ཐོན་ཁུངས	thönkhung	[名]	援助、手助け、資金、資源
ཐོན་འབབ	thönbap	[名]	収益、利益
ཐོན་འབྲས	thöndrä	[名]	結果、結末
མཐའ་མ	thâma	[形]	最後の、最終の、最終的な
མཐའ་མཚམས	thâtsham	[名]	境界、国境
མཐེ་བོང	thebong	[名]	親指
མཐེབ་ཅུ	thebcu	[名]	シャツのボタン
མཐེའུ་ཆུང	theuchung	[名]	小指
མཐོ་ཚད	thotshä	[名]	高さ、身長、高度、

			海抜、指の間隔
མཐོ་རིམ་སློབ་གྲྭ	thorim 'lobdra	[名]	大学
མཐོ་རིས	thori	[名]	天国、高い領域
མཐོང་ནི	thongni	[動]	見る、見つける
འཐབ་འཛིང	thabdzing	[名]	戦い、争い、喧嘩
འཐུང་ནི	thungni	[動]	飲む
འཐུས་མི	thümi	[名]	メンバー、一員

ད

ད་ཅི	daci	[副]	少し前に
ད་ཅི་ལས	dacilä	[副]	かなり前に
ད་ལྟོ	dato	[副]	今、現在
ད་རིས	dari	[名]	今日
ད་རིས་ཕྱི་རུ	dari chiru	[名]	今夜
ད་རུང་རང	daru rang	[副]	再び、もう一度
ད་རེས	darê	[副]	このごろは、最近
དར	dar	[名]	スカーフ、タルチョー (チベットの五色の祈祷旗)
དར་ཚོ	dâtshi	[名]	チーズ
དལ་དབང	däl'wang	[名]	自由

དི་བུ	dibu	［名］	孫息子
དི་བུ་མོ	dibum	［名］	孫娘
དུ་དོང	dudong	［名］	煙突
དུ་བ	dupa	［名］	煙
དུང་དཀར་འབུབ	dungkarbup	［名］	カタツムリ、巻貝
དུད་འགྲོ	düdro	［動］	動物
དུས	dü	［名］	時間、時、季節
དུས་ཅི	düci	［名］	今年
དུས་གཏན་དུ	dü tändu	［副］	永久に、絶えず、常に
དུས་རྟག་བུ	dü tabu	［副］	いつも、常に
དུས་སྟབས	dütap	［名］	約束、予約
དུས་སྟབས་གཅིག་ཁར	dütap cikhar	［副］	同時に
དུས་སྟོན	dütön	［名］	儀式、式典、祭り
དུས་སྟོན་བརྩི་སྲུང	dütön tsisung	［動］	出来事を祝う
དུས་ཐོག	düthô	［副］	時間通り
དུས་བཞི	düzhi	［名］	四季
དེབ	dep	［名］	本
དེའི་ནང་དོན་ཉིད་ལས	de'i nangdön nyi lä	［副］	とりわけ、なかでも、特に

དོ་འགྲན dôdrän ［名］ 競争、試合

དོ་འགྲན་འབད་ནི dôdrä bäni ［動］ 競争する、挑戦する

དོ་རོགས dôrô ［名］ 村仲間

ཌོ་ལར drolar ［名］ ドル

དོ་ལོམ dôlom ［名］ ナス、ナスの実

དོག་ཁག་ཁ dôkhâkha ［形］ 狭い、細い

དོག་མ dôma ［名］ ビンロウジ、果物、果実、実

དོང dong ［名］ 穴、くぼみ

དོད་རིལ་རི dörilri ［形］ 健康な、健全な、強い

དོན dön ［名］ 意味、わけ、理由、原因、目的

དོན་ཁུངས dönkhung ［名］ 重要、意味、意義、目的

དོན་ཧིང dönhî ［名］ 心臓、心

དོན་ཧིང་སྦོམ dönhî bom ［形］ 勇敢な、勇気のある

དོམ dom ［名］ 熊

དོར་ཁ་བསྒྱུར་ནི dorkha jurni ［動］ 通訳する、解釈する、説明する、判断

དོརམ　〔 84 〕

			する
དོརམ	dôm	[名]	パンツ、ズボン
དོས	dô	[名]	荷物、積荷、貨物運送、貨物
དོས་ཁང	dôkhang	[名]	貯蔵所、倉庫
དྭངས་ཏོག་ཏོ	dângtôto	[形]	明るい、はっきりとした、明瞭な
དྲང་སྲོང	drangsong	[名]	賢人、哲人、聖人、聖者
དྲི་ཆབ	drichap	[名]	香水
དྲི་བཟང་	drizang	[名]	におい、香り、芳香
དྲིན	drin	[名]	親切、優しさ
དྲིན་ཅན	drincän	[形]	親切な、優しい
དྲིལ་བུ་མེ་ཏོག	drilbu metô	[名]	チューリップ
དྲོ་ཏོག་ཏོ	drotokto	[形]	暖かい、温暖な
དྲོ་པ	droba	[名]	朝
དྲོ་མཛར	dromzar	[名]	朝ごはん
དྲོད	drö	[名]	熱、暑さ、暖かさ
དྲོད་བཏགས་ནི	drö takni	[動]	温める、温まる、厚くなる
དྲོད་འབར་ལང་ནི	dröbar langni	[動]	熱が出る、熱が上

			がる
དག་པའི་ཞིང	dakpai zhing	[名]	浄土
དང	dang	[接]	〜と
དམ་ཆོས	damchö	[名]	ダルマ、法、徳
གདོང་	dong	[名]	顔
གདོབ་ཙུ	dopcu	[名]	腕輪、足首飾り
བདུན་མཐའ	dünthâ	[名]	週末
བདུན་ཕྲག	dünthrâ	[名]	週
བདུན་ཕྲག་རེའི	dünthrâ re'i	[副]	毎週
བདུན་ཕྲག་ཤུལ་མ	dünthrâ shüma	[名]	来週
བདུན་ཕྲག་ཧེ་མ	dünthrâ hema	[名]	先週
བདེན་འཛིན་རེ་ནི	dendzin reni	[動]	信じる
མདང་ཞག་ཅིག་ཁར	dangzhâ cikhar	[副]	前回、先日
མདངས་ཕྱི་རུ	dâm chiru	[名]	昨夜
མདའ	dâ	[名]	矢
མདའ་རྒྱབ་ནི	dâ câpni	[動]	矢を射る
མདའ་གཞུ	dâzhu	[名]	弓矢
མདའི་སོ་རས	dâ'i sorä	[名]	矢筒
མདུན་ཅོག	düncô	[名]	テーブル、卓
འདབ་ཆགས	dabchâ	[名]	鳥、羽毛のある生き物

འདབ་མ 〔86〕

འདབ་མ dabma ［名］葉っぱ、葉、木の葉

འདབ་མ་ཀོ་པི dabma kopi ［名］キャベツ

འདམ dâm ［名］泥、ぬかるみ、低湿地、沼地

འདམ་བྱ dâmja ［名］カモ、アヒル

འདས་པའི་མདུན་ཕྲག däpa'i dünthrâ ［名］先週

འདས་པའི་ལོ་ངོ däpa'i longo ［名］昨年

འདི di ［代］これ、この

འདུས་ཚོགས dütshok ［名］体、身体、主要部、本体、組織、委員会

འདྲེ dre ［名］悪魔、鬼、亡霊、幽霊

འདྲེ་མོ dremo ［名］魔女、女魔法使い

རྡོ dô ［名］石、岩

རྡོ་ཀ་མ་རུ་པ dô kamarupa ［名］大理石

རྡོ་རྗེ་ཕ་ལམ dorje phalam ［名］ダイヤモンド

རྡོ་ཤེལ dôshel ［名］水晶

རྡོ་སོལ dôsöl ［名］石炭、木炭

ལྡེ་མིག་རྒྱབ་ནི demî câpni ［動］閉める、閉じる

ལྡེ་མིག་བུ demî bu ［名］鍵

ལྡེ་མིག་མ demî ma ［名］南京錠

ལྡེབས་རིས depri ［名］壁画

སྡིག་པ་ར་ཙ dîkparatsa ［名］サソリ

སྡོད་ནི döni ［動］座る

སྡོད་གནས་ཁ་བྱང dö'nä khajang ［名］住所

བརྡ་འཕྲིན dathrin ［名］伝言、メッセージ

བརྡ་བྱང dajang ［名］看板

བརྡ་ཡིག dayik ［名］文法

ན

ནཱ་ཆ་ཁྱབ nâ chachap ［代］あなた

ན་ཆུང nachung ［名］ティーンエイジャー（13～19歳の少年少女）、若者

ན་མཉམ nanyam ［形］同世代の、同じ年頃の、同時代の、その当時の

ན་ནི nani ［動］病む、患う

ན་མི nami ［名］病人、患者

ན་ཚ natsha ［名］病気

ན་ཚོད natshö ［名］年齢、時代

ན་ཚོད་དར་བ 〔88〕

ན་ཚོད་དར་བ	natshö darwa	[名]	成長期
ན་ཧིང	nahî	[名]	昨年
ནག	nâ	[名]	大麦
ནག་རྩིས	naktsi	[名]	占星学
ནགས་སྐྱེས	nakê	[名]	食用のシダ
ནགས་ཚལ	naktshäl	[名]	森、森林
ནང་པའི་ཆོས	nangpa'i chö	[名]	仏教
ནངས་པ	nangpa	[名]	明日
ནངས་པ་དྲོ་པ	nâba dropa	[名]	明日の朝
ནངས་པ་གནངས་ཚེ	nâba 'nangtshe	[名]	明後日、後ほど
ནད་ཐུབ་སྨན	näthup 'män	[名]	予防接種、免疫化
ནད་གཡོག་རྒྱབ་མི	nä'yôk câpmi	[名]	介護人、ナース、看護師
ནད་གཡོག་སློབ་གྲྭ	nä'yôk 'lobdrâ	[名]	看護学校、看護婦養成所
ནམ་མཁའ	'namkha	[名]	空、天空
ནམ་ནངས	nam nang	[名]	夜明け
ནམ་ཕྱེད	namche	[名]	真夜中、午前0時
ནམ་ཡང་	namya	[副]	いまだかつて〜ない、一度も〜ない、決して〜ない

ནམ་ར་འབད་རུང་	namra bäru	［副］	いつでも、どんな時でも、常に
ནལ་ཟནམ	nälzäm	［名］	スズメ
ནུ་གཅུང	nucu	［名］	弟
ནུ་མོ	numo	［名］	妹
ནུབ	’nup	［名］	西、西方、西部
ནུབ་མོ	nubmo	［名］	夜、晩
ནེ་ཙོ	netso	［名］	オウム
ནོམ་ནི	nomni	［動］	さわる、ふれる、感じる
ནོར	nor	［名］	牛、畜牛
ནོར་ཁྱིམ	norchim	［名］	牛小屋、牛舎
ནོར་བུ	norbu	［名］	宝石、宝玉
ནོར་ཤ	norsha	［名］	牛肉
གནག་རྫི	’nâdzi	［名］	ヤク飼い
གནག་ལོང་ལོ	’nâlonglo	［形］	真面目な、本気の、真剣な、不動の、断固とした、冷静な
གནགཔོ	’nâp	［名］	黒
གནམ་དགུན	’namgün	［名］	冬

གནམ་ཇཱར	'namjâr	［名］	夏
གནམ་མེད་ས་མེད	'namê samê	［形］	とても、非常に、大変、ひどく
གནམ་འོད	'nam oö	［名］	日光、日中、昼間、夜明け
གནམ་གཤིས	'namshi	［名］	天気、天候
གནས་སྡུད	'nädü	［名］	日付、年月日
གནས་ནི	'näni	［動］	費用がかかる
གནས་མོ	'näm	［名］	妻、女房、主婦
མནའམ	'nâm	［名］	息子の妻、嫁
མནལ	'näl	［動］	眠る、寝る
མནལ་ཚོར	'nältshor	［動］	起きる
མནོ་ནི	'nôni	［動］	思う、みなす、考える
རྣམ་ཅོ	'namco	［名］	耳
རྣམ་ཅོ་ཉན	'namco nyän	［動］	聞く、耳を貸す
རྣམ་རྟོག	'namtô	［名］	迷信
རྣམ་ཐར	'namthar	［名］	聖人伝、伝記
རྣམ་པ	'nampa	［形］	親切な、優しい、思いやりのある
རྣོས་ཁིག་ཁི	'nökhîki	［形］	鋭い、鋭利な、とがった

[91] དེ་ཏྲོལ

སྣ་ཁ	'nakha	[名]	種類
སྣ་ཚོགས་ཚོང་ཁང་	'natshok tshongkhang		
		[名]	雑貨店
སྣུམ	'num	[名]	油、石油
སྣུམ་འཁོར	'numkhor	[名]	乗り物、輸送機関、
			車両

པ

པག་ཅུང	pâkcu	[名]	レンガ
པགས་ཀོ	pâko	[名]	皮膚、肌
པང	pang	[名]	ひざ
པད་ཚོད	pätshö	[名]	ホウレンソウ
པདྨ	päma	[名]	スイレン、ハス
པདཔ	päp	[名]	ヒル
པར	pâr	[名]	写真
པར་ཁང	pârkhang	[名]	写真館、撮影室
པར་བཏབ	pâr tâp	[動]	写真を撮る
པིར	pir	[名]	絵筆
པུ་ཏ	puta	[名]	麺の一種
པུས་མོ	pümo	[名]	膝
པེ་ཏྲོལ	petrol	[名]	ガソリン、ガス

དཔའ་རྟགས 〔92〕

དཔའ་རྟགས pâtâ ［名］剣、刀、勇気の象徴

དཔའ་བོ pâwo ［名］英雄、勇士、主人公、主要人物

དཔའ་མོ pâmo ［名］女主人公、ヒロイン

དཔུངམ pûm ［名］肩

དཔེ་ཁང pekhang ［名］本屋

དཔེ་ཆ pecha ［名］本

དཔེ་ཆ་སྟོན pecha tön ［動］教える

དཔེ་ཆ་བཞག་ས pecha zhâksa ［名］本棚

དཔེ་ཆ་ལྷབ pecha lhap ［動］勉強する、研究する

དཔེ་གཏམ petam ［名］諺、格言、発言

དཔེ་དང་སྲོལ་མེདཔ pe dang söl mep ［形］前例のない、空前の、前代未聞の

དཔེ་མ་སྲིད་པ pe maipa ［形］唯一の、独特な

དཔེ་མཛོད pedzö ［名］図書館

དཔེར་བརྗོད perjö ［名］例、実例、手本、模範

དཔེར་ན perna ［副］たとえば

དཔྲལ་ཝ cäu ［名］額

དཔྱི་སྨད cimä ［名］骨盤

དཔྱིད་དུས cidü ［名］春季、春

སྤག་ཤིང	pâshing	［名］	竹
སྤང	pang	［名］	牧草地、牧場、大草原
སྤང་འཁོགས	pangkhô	［名］	不毛地、休閑地
སྤང་རྒྱན་དཀར་པོ	pangjän karpo	［名］	ヒナギク
སྤང་རྒྱན་མེ་ཏོག	pangjän metô	［名］	スミレ
སྤང་ཐང	pangthang	［名］	平坦地、ステップ、大草原地帯
སྤང་ཞིང	pangzhing	［名］	休閑地
སྤུ	pu	［名］	髪の毛、毛、毛皮
སྤུ་གྲེག་ནེ	pu trêk	［動］	剃る
སྤུན	pün	［名］	兄弟
སྤུན་ཆ	püncha	［名］	兄弟、いとこ
སྤྲུ	ca	［名］	猿
སྤྲུ་དཀར	cakar	［名］	白猿、ラングール
སྤྲུ་གི་རྣག་ཐོལ	cagi ’nâthö	［名］	おたふくかぜ
སྤྱི་ཚོགས	citshô	［名］	社会、共同体
སྤྱི་ཟླ	cida	［名］	月
སྤྱི་ལོ	cilo	［名］	年
སྤྱིའུ་ཏཔ	ci’utap	［名］	バッタ、イナゴ、キリギリス

སྤྲིང་ཟམ	tring zam	［名］	つり橋
སྤྲོ་འཕེལ་ནི	tro phelni	［動］	楽しむ
སྤྲོ་བ་ཅན	trowacän	［形］	おもしろい
སྤྲོ་ལྷ	trolâ	［名］	趣味
སྤྲོ་བཤལ	troshäl	［名］	休日
སྤྲོས	trö	［名］	彫刻、版画

ཕ

ཕ་གླང	pha'lang	［名］	雌牛
ཕ་མེས	phamê	［名］	祖先、先祖
ཕག་ཕྲུག	phâkcu	［名］	子豚
ཕག་ནད	phâknä	［名］	てんかん
ཕག་ཤ	phâksha	［名］	豚肉
ཕགཔ	phâp	［名］	豚
ཕང་མ	phangma	［名］	膝、育てる場所
ཕུ་རྒྲུ	phutru	［名］	ハト
ཕུན་ཚོགས	phüntshô	［名］	繁栄、成功
ཕུབ་མ	phubma	［名］	殻、さや、皮、もみ殻
ཕོ་སྐྱེས	phogê	［名］	男性、男子、男
ཕོ་རྒནམ	phogäm	［名］	兄

ཕོ་རྒྱ phoja ［名］ 男性、男子、男

ཕོ་ཙུམ phocum ［名］ 腹部、腹

ཕོ་ཆེན phochen ［名］ 去勢された馬

ཕོ་སྤུན phopün ［名］ 兄弟

ཕོ་མོ phomo ［名］ 性、性別

ཕོ་མོའི་མཚན་རྟགས phomo'i tshäntâ ［名］ ジェンダー

ཕོ་རྨ pho 'ma ［名］ 胃潰瘍

ཕོ་ཚོད photshö ［名］ 判断、評価、意見、仮定、推測、憶測

ཕོ་མཚན photshän ［名］ ペニス、陰茎、男性の象徴

ཕོ་བཟང phobzang ［名］ 色男、美男子

ཕྱག་ལྟག châktâ ［名］ 肩

ཕྱག་ཕྲེང châkthreng ［名］ 数珠

ཕྱགས་སྙིགས་སྒྲོམ châk'nyî drom ［名］ ゴミ箱

ཕྱི་གླིང་པ chi'lip ［名］ 外国人

ཕྱི་རྒྱལ chigäl ［名］ 外国

ཕྱི་རུ chiru ［名］ 夕方、夕暮れ

ཕྱི་རུའི་ལྟོ chiru'i tô ［名］ 夕食

ཕྱུར་ཀོ chugo ［名］ 乾燥チーズ、ヤクチーズ

ཕྱུར་སྐམ 〔96〕

ཕྱུར་སྐམ	chukam	[名]	乾燥チーズ
ཕྱེ	(p)che	[名]	粉、粉末、小麦粉、ちり、ほこり
ཕྱེད	(p)chê	[名]	半分
ཕྱེམ་ལ	(p)chemla	[名]	蝶
འཕར་སྤྱ	phâu	[名]	オオカミ
འཕུལ་གཏང་ནི	phü tangni	[動]	押す
འཕྱད་ནི	chäni	[動]	会う、偶然出会う
འཕྲུལ་མེ	thrüme	[名]	たいまつ

བ

བ	ba	[名]	雌牛、乳牛
བ་ཁྱིམ	bachim/bakhim	[名]	牛小屋、牛舎
བ་མོ	bamo	[名]	霜、霜柱
བ་ཚྭ	batshâ	[形]	塩気のある、塩辛い
བབ་ཤནམ	babshäm	[名]	蜘蛛
བལ	bäl	[名]	羊毛
བལ་ཡུལ	bälyül	[名]	ネパール
བལཔོ་བསེའུ	bäpseu	[名]	グアバ(の実)
བུ	bu	[名]	少年、息子
བུ་མཆེདམ	buchem	[形]	妊娠した

〔 97 〕   བྱག་ར

བུམོ	bûm	[名]	娘、少女
བུཚོཚུ	butsh tshu	[名]	子ども
བོང་ཀུ	bongku	[名]	ロバ、馬鹿者
བོད	bö	[名]	チベット
བོའུ་ཅུང	boucu	[名]	子牛
བྱ	(b)ja	[名]	鳥
བྱ་ཁྲ	jathra	[名]	鷹
བྱ་དགོ་བོ	jagowo	[名]	サイチョウ
བྱ་གོད	jagö	[名]	ハゲワシ
བྱ་ཕོད	japö	[名]	おんどり、鳥の雄
བྱ་སྤུ	japu	[名]	羽、羽毛
བྱ་གཟིག	jazî	[名]	ヤマネコ
བྱ་རོག	jarô	[名]	ワタリガラス
བྱ་ལེ	jale	[名]	陰核、クリトリス
བྱ་ཤ	jasha	[名]	鶏肉
བྱ་གསོ་ཁང	ja sokhang	[名]	養鶏場
བྱ་ཨ་ཁུ	(b)ja 'akhu	[名]	カッコウ
བྱ་ཨོ་ལ་སྦོ་དཀར	(b)ja 'ola bokar	[名]	カササギ
བྱག	jâ	[名]	崖、絶壁
བྱག་ཕུག	jâphû	[名]	洞窟、洞穴
བྱག་ར	jâra	[名]	野生のヤギ

བྱང	jang	[名]	北
བྱང་ཤིང	jangshing	[名]	黒板
བྱང་ས	jangsa	[名]	牛の野営地
བྱམོ	jâm	[名]	めんどり、(鳥の)雌
བྱི་ཐུར	(b)jithur	[名]	ヤマアラシ
བྱི་ཚི	(b)jitsi	[名]	ネズミ
བྱི་ལི	(b)jili	[名]	猫
བྱི་ལི་རྣམ་ཚོ	(b)jili 'namco	[名]	オウゴンソウ属の植物 (きのこのような形)
བྱི་ལི་ཕྱུ་གུ	(b)jili chugu	[名]	子猫
བྱིང་གུམ	jingum	[名]	スズメバチ
བྱིལ་ལི	jilli	[名]	飛行機
བྱུ་རུ	juru	[名]	サンゴ
བྲོ	drou	[名]	味、風味
བྲོ་བཏོན	drou tön	[名]	味をつけること、風味をつけること
བྲོ་བསྟ་ནི	drou tani	[動]	味わう
བླམ་བན་ད	'lambäda	[名]	トマト
དབའི	'wa'i	[間]	へー！おや！やあ！

			おい！
དབུ	'u	［名］	頭
དབུ་སྐྲ་བསིལ	'utra sil	［動］	髪を切る
དབུ་ཞྭ	'uzhâ	［名］	帽子
དབུ་ཧང	'uhang	［名］	枕
དབྱིན་ཟླ	'yinda	［名］	月
དབྱིན་ལོ	'yinlo	［名］	年
འབད	bä	［動］	する、やる
འབད་བ་ཅིན	bäwa cin	［接］	もし～ならば
འབུ་ནད	bunä	［名］	感染症、伝染症、接触伝染病
འབུ་རས	burä	［名］	生糸
འབུབ	bûp	［名］	昆虫、虫
འབུབ་སྨན	bûp'män	［名］	虫下し
འབུབ་གསད་སྨན	bûpsä 'män	［名］	殺虫剤、駆除剤
འབུལ་བ	bülwa	［名］	奉納、提供
འབྱི	ji	［名］	雌のヤク
འབྲས	drä	［名］	米
འབྲི	dri	［名］	雌のヤク
འབྲི་ནི	drini	［動］	書く
འབྲུག	druk	［名］	龍、ブータン

འབྲུག་སྐད 〔100〕

འབྲུག་སྐད	druk kä	［名］	雷、雷鳴
འབྲུག་མི	drukmi	［名］	ブータン人
འབྲེལ་ཞུ	drenzhu	［名］	寄付、寄付金、寄贈
ཐབ་ཆུ	babchu	［名］	滝
སྦལཔ	bäp	［名］	カエル
སྦལཔ་ཀྲང་ཀུར	bäp kangkur	［名］	カニ
སྦུབ་ཙུ	bupcu	［名］	芽、つぼみ
སྦུལ	bül	［名］	ヘビ
སྦུལ་ཉ	bülnya	［名］	ウナギ
སྦུལ་མེ	bülme	［名］	ニシキヘビ
སྦོ	bo	［名］	パンチ
སྦོ་བཀལ	bo kä	［動］	打つ、叩く、殴る
སྦོ་ཁུག	bokhû	［名］	ポケット、物入れ
སྦོ་ནི	boni	［動］	膨れる、膨張する
སྦྱང་	jang	［名］	はちみつ
སྦྱང་ནི	jangni	［動］	学ぶ、練習する
སྦྱང་མའི་ཁུག་ཤོག	jangmai khûshô	［名］	ミツバチの巣
སྦྱངམ	jâm	［名］	ハエ
སྦྲམ་ཟས	dranzä	［名］	ジャックフルーツ

མ

མ་གཏོགས	matô	［接］もし〜でなければ
མ་ཧེ	mahe	［名］水牛
མར་མེ	marme	［名］バターランプ
མི	’mi	［名］人間、人、人々、人物
མི་རྒོད	migö	［名］イエティ、雪男、不可思議な存在
མི་ཚང	’mitshang	［名］家族
མིག་ཆུ	’mikchu	［名］涙
མིག་ཏོ	’mikto	［名］目
མིག་རྫིམ	’mikdzim	［名］まゆ、眉毛
མིག་ཟུར་བལྟ	’mikzur ta	［名］流し目、側方監視
མིག་ཤེལ	’mikshe	［名］眼鏡、レンズ、光景
མེ	me	［名］火、炎
མེ་ཏོག	metô	［名］花
མེ་ཏོག་ཀོ་པི	metô kopi	［名］カリフラワー
མེ་ཏོག་པད་མ	metô päma	［名］スイレン、ユリ
མོ	mo	［名］女性、女
མོ་སྤུན	mopün	［名］姉妹

མོ་ཕག	mophak	［名］	雌豚
དམར་ཅནམ	'marcäm	［名］	はしか
རྨ་བྱ	'maja	［名］	クジャク
རྨག་རོགས	'makrô	［名］	妻の姉妹の夫
རྨགཔ	'mâp	［名］	夫
སྨན་ཁང	'mänkhang	［名］	病院、薬局、診療所
སྨན་མཛོད	'mändzö	［名］	薬局

ཙ

ཙག་ཏོག་ཏོ	tsaktôto	［形］	平和な、穏やかな、温和な
ཙན་དན་ཤིང་	tsändän shing	［名］	ビャクダン
ཙི་ཙི་དམར་མོ	tsitsi'mâm	［名］	トカゲ
ཙུ་ནེ	tsune	［名］	石灰
གཙུག་ལག་སློབ་གྲྭ	tsuklâ 'lobdra	［名］	大学
བཙའ	tsâ	［名］	さび
བཙུན་མོ	tsünmo	［名］	女王、王妃
བཙུམ་ནི	tsum	［動］	閉める、閉じる
བཙེམ་ནི	tsem	［動］	縫う
བཙོ་ནི	tso	［動］	沸かす、

沸騰させる

བཙོང་ནི	tsongni	[動]	売る
བཙོང་མི	tsongmi	[名]	売り手、販売人
བཙོང་ས	tsongsa	[名]	市場
རྩ་བ	tsawa	[名]	根、根源
རྩང	tsang	[名]	とげ、針
རྩི་ཤིང	tsishing	[名]	植物
རྩིགཔ	tsîp	[名]	壁
རྩིབ་མའི་སྒྲོ	tsibmaidro	[名]	肋骨、あばら骨
རྩིས་རྐྱབ	tsi câp	[動]	計算する
རྩེ་ནི	tseni	[動]	遊ぶ
རྩྭ	tsâ	[名]	草、牧草
རྩྭ་སྐམ	tsâkam	[名]	飼料、干し草
རྩྭ་ཁ	tsâkha	[名]	牧草地
བརྩོན་འགྲུས་ཅན	tsöndrücän	[形]	勤勉な、熱心な
བརྩོན་ཤུགས	tsönshû	[名]	努力

ཚ

ཚ་བོ	tshawo	[名]	甥
ཚ་མོ	tshamo	[名]	姪
ཚང་	tshang	[名]	巣

ཚད་ནད 〔104〕

ཚད་ནད	tshänä	[名]	マラリア
ཚིགས་དཀྱུག	tshik truk	[名]	脱臼
ཚིལ་མ	tshilma	[名]	唾
ཚིལ་མ་འབོ་ནེ	tshilma boni	[動]	唾を吐く、暴言を吐く
ཚེ་སྔ་མ	tshe 'ngama	[名]	前世、過去
ཚེ་རྫོགས	tshe dzok	[動]	満了する、終了する、死ぬ、亡くなる
ཚེ་ཡོད་པ	tshe yöp	[形]	長続きする、長持ちする、耐久力のある
ཚེ་རིང	tshe ring	[名]	長寿
ཚེ་སྲོག	tshesô	[名]	生命、命、人生
ཚེམས	tshêm	[名]	歯
ཚེར་སྔོན་མེ་ཏོག	tsher'ngön metô	[名]	青いケシ、ポピー、ブータンの国花
ཚོད་ཞིང	tshözhing	[名]	菜園
ཚོད་བསྲེ	tshöse	[名]	野菜
ཚོད་བསྲེ་ཁྲོམ	tshöse throm	[名]	野菜市
ཚོད་བསྲེ་ལྡུམ་ར	tshöse dumra	[名]	家庭菜園、菜園
ཚོདམ	tshöm	[名]	野菜カレー、カレー

ཚོན	tshön	［名］	色、塗料、絵の具
ཚྭ	tshâ	［名］	塩、食塩
མཚོ	tsho	［名］	湖
མཚོ་གླང	tsho'lang	［名］	雄の水牛

ཛ

ཛཱ་ཏི	dzâti	［名］	ナツメグ
མཛུབ་དཀྱི	dzupki	［名］	指輪
མཛུབ་ཆུང	dzubcu	［名］	小指
མཛུབ་པར	dzubpar	［名］	指紋
མཛུབ་མོ	dzumo	［名］	指
མཛུབ་མོ་དཔག	dzumo pâk	［動］	指差す
མཛོ	dzo	［名］	ヤクと牛の交配種
འཛུམ	dzum	［名］	笑顔
འཛུམ་སྟོན	dzum tön	［動］	笑う、微笑む
འཛུལ་ས	dzülsa	［名］	玄関、入口
རྫོང་ཁ	dzongkha	［名］	ゾンカ語（ブータンの公用語）
རྫོང་ཁག	dzongkhak	［形］	地区、地域
རྫོབ	dzop	［名］	切手、スタンプ、印

ཞ

ཞག	zhâ	［名］	夜
ཞག་ཁིག་ཁི	zhâkhîkhi	［形］	油質の、油性の、油っぽい、クリーム状の
ཞག་ཞག	zhâzhâ	［副］	すっかり、徹底的に、完全に、完璧に
ཞང་ཚན	zhangtshän	［名］	母方のおじと甥
ཞབས་བྲ་འཐེན་ནི	zhapthra thenni	［動］	歌う
ཞལ་འཛོམས	zhändzom	［名］	集会、会議、集まり
ཞི་འཇམ	zhijam	［名］	平和、平静
ཞུན་མར	zhünmar	［名］	灯油、石油、ランプ
ཞྭམོ	zhâm	［名］	帽子
གཞིས་ཁ	zhikha	［名］	私有地、農場、農園
གཞིས་ཁྱིམ	zhichim/zhikhim	［名］	農家、農場内の家屋
གཞེས་ཉིནམ	zhenyim	［名］	三日前、一昨昨日
གཞེས་ཕོད	zhephö	［名］	明後年

གཞོན་ཆུང	zhöncu	［名］	若者、10代
བཞུགས་ཁྲི	zhûkthri	［名］	椅子
བཞེས་ཁྲི	zhêthri	［名］	食卓
བཞེས་སྒོ	zhêgo	［名］	食事、食べ物

ཟ

ཟ་ལྟབ	zatap	［名］	顎
ཟ་ནི	zani	［動］	食べる
ཟངས	zang	［名］	銅
ཟངས་ཀྲམ	zangtram	［名］	銅貨
ཟམ	zam	［名］	橋
ཟས	zä	［動］	食べ物、食事
ཟས་གྲིབ	zädrip	［名］	食中毒
ཟས་བསྔོ	zä'ngo	［名］	死者に奉げられた食事
ཟས་བཅུད	zäcü	［名］	栄養、滋養物
ཟས་ཐོ	zätho	［名］	献立表、メニュー
ཟུར་གསུམ	zursûm	［名］	三角形
ཟོ་ཆག	zochâ	［名］	イラクサ
ཟླ་ཐོ	datho	［名］	カレンダー
ཟླཝ	dau	［名］	月

གཟན་དོམ 〔108〕

གཟན་དོམ zändom ［名］ 蚊

གཟིག zik ［名］ ヒョウ

གཟིག་ནག ziknâ ［名］ ブラックパンサー、黒ヒョウ

གཟུགས་ཁམས zûkham ［名］ 健康

གཟུགས་ཚད zûktshä ［名］ 身長

བཟའ་ཚན zâtshän ［名］ 家族

བཟོ་ནི zoni ［動］ 作る

བཟོ་བོ zowo ［名］ 大工、芸術家

བཟོ་སྨན zo’män ［名］ 化粧品

བཟོ་བཟོ་ནི zo zoni ［動］ 化粧をする

འ

འ་ཅུང་གདོང་དཀར âcung dongkar ［名］ パンダ

འ་དོམ âdom ［名］ キツネ

འམ âm ［名］ キツネ

ཨུ་སྡུག་སྡུགཔ û dûdûp ［形］ 疲れた

ཨུགཔ ûp ［名］ フクロウ

འོ་བརྒྱལ ô gäl ［動］ 疲れる、すり減る

འོད་དཀར ö kar ［名］ 光、光線、光源

འོད་སུ oösu ［名］ コエンドロ

འོད་སུ་མེ་ཏོག	ösu metô	[名]	コスモスの花

ཡ

ཡ་མཆུ	yamchu	[名]	上唇
ཡམ	yam	[名]	サイコロゲーム
ཡམ་རྒྱབ	yam câp	[動]	サイコロゲームをする
ཡར་ངོ་	yarngo	[名]	上弦の月、15日目の月
ཡི་གུ	yigu	[名]	手紙、文字
ཡིག་སྐྱེལ་པ	yîkelpa	[名]	郵便配達人
ཡིག་བསྐུར་རྣམ་གཞག	yîkur 'namzhâ	[名]	手紙、文字を書くこと
ཡིག་ཤུབས	yîkshup	[名]	封筒
ཡུག་ས	yuksa	[名]	男やもめ
ཡུག་སམོ	yuksam	[名]	未亡人、男やもめ
ཡུང་སྣ	yunga	[名]	ウコン
ཡུངས་ཀར	yungkar	[名]	からし、マスタード
ཡུལ་ལྗོངས	yüljong	[名]	州、省、地方、田舎
ཡུལ་སྡེ	yülde	[名]	地方、地域
ཡུལ་མི	yülmi	[形]	出生地の、自国の、

本来の

ཡུལ་ལྷ yülha ［名］ 地方の神

ཡོལ་ལི yöli ［名］ カーテン

གཡག yak ［名］ ヤク

གཡས ’yä ［名］ 右、左ではない方

གཡས་སྐོར ’yäkor ［名］ 時計回り、右回り

གཡས་པ ’yäp ［名］ 右のもの、人、左ではないもの、人

གཡུ ’yu ［名］ トルコ石

གཡུས་ཚན ’yütshän ［名］ 村、村落

གཡོ ’yo ［動］ 曲げる

གཡོན ’yön ［名］ 左、右ではない方

གཡོན་སྐོར ’yönkor ［名］ 左回り、邪道

ར

ར་ཤ rasha ［名］ 羊肉

རག râ ［名］ 真ちゅう、黄銅

རག་རོག rakrok ［名］ ごみ、くず、がらくた

རང་བཞིན་རྐྱེན་ངན rangzhin kenngän ［名］ 自然災害、大惨事

རལ་གྲི	räldri	[名]	剣、刀
རལ་ནི	rälni	[動]	引き裂く、破る
རི	ri	[名]	丘、山、森林
རི་དྭགས་སེམས་ཅན	ridâ semcän	[名]	野生動物
རི་ཕག	riphâ	[名]	野生イノシシ
རི་བོང	ribong	[名]	兎
རི་བྱ	ri(b)ja	[名]	野鳥
རིག་གཞུང	rigzhung	[名]	文化
རིགས་མིང	rikming	[名]	名字
རིང་ཐུང	ringthung	[名]	長さ、距離
རིང་ཚད	ringtshä	[名]	高さ
རིན་འབབ	rinbap	[名]	費用、値段
རིན་འབབ་དོ་མ	rinbap ngoma	[名]	実費、実質原価
རིན་མེད	rinmê	[名]	無料
རིམས་ནད	rimnä	[名]	感染病、伝染病
རིམས་ཚད	rimtshä	[名]	インフルエンザ
རུ་ཏོ	ruto	[名]	骨
རུས་སྦལ	rübäl	[名]	カメ
རེ་ཌིཨོ	radio	[名]	ラジオ
རེད	rê	[名]	米、稲
རོ་ཁྱི	rochi	[名]	犬

རོ་ཁྱི་འཆོལ་ནད　〔112〕

རོ་ཁྱི་འཆོལ་ནད	rochi chölnä	［名］	狂犬病
རོ་ཁྱི་བདག་མེད	rochi dakme	［名］	野良犬
རོ་ཁྱི་ཕྲུ་གུ	rochi chugu	［名］	子犬

ལ

རླུང	'lung	［名］	空気、風
རླུང་རྟ	'lungta	［名］	幸運の馬
རློན་ཚད	'löntshä	［名］	湿度
རློན་གཤེར	'lönsher	［名］	湿気、湿度
རློནམ	'löm	［形］	1. 濡れた、湿った、じめじめした 2. 新鮮な、生の
ལ་དུག	ladû	［名］	高山病
ལ་ཕུག	laphû	［名］	大根
ལ་ཕུག་མེ་ཏོག	laphû metô	［名］	ダリア
ལ་ཕུག་དམར་པོ	laphû 'mâp	［名］	人参
ལག་ཆུང	lâkchung	［名］	竹籠
ལག་རྗེས	lâkje	［名］	親指の指紋
ལག་མཐིལ	lâkthil	［名］	手のひら
ལག་འཐག	lâkthâ	［名］	手織りの布
ལག་པའི་མཛུབ་མོ	lâpai dzubmo	［名］	指

〔113〕 ལོམ

ལགཔ	lâp	[名]	手
ལགཔ་མཐུད	lâp thü	[名]	握手
ལགས	'lâ	[名]	はい、お願いします、ええ、そうしましょう
ལགས་སོ	'lâso	[名]	はい、大丈夫
ལམ་འགྲུལ	lamdrü	[名]	旅、旅行、船旅
ལམ་ཡིག	lamyik	[名]	パスポート、旅券、旅行文書
ལི་ཅི	lici	[名]	レイシ、ライチー
ལི་སྐྱུད	liwang	[名]	オレンジ
ལུག	'luk	[名]	羊
ལུག་གི་ཕྱུ་གུ	'lukgi (p)chugu	[名]	子羊
ལུག་རྫིཔ	'lukdzip	[名]	羊飼い、牧羊者
ལུག་ཤ	'luksha	[名]	子羊の肉、ラム
ལུས	'lü	[名]	身体、体
ལོ་འཁོར་དུས་དྲན	lokhor düdren	[名]	記念日
ལོམ	lom	[名]	カブ、ホウレンソウ、大根の押し葉

ཤ

ཤ sha ［名］ 肉、魚肉

ཤ་སྐམ shakam ［名］ 乾燥肉、保存用の肉

ཤ་ཁ shakha ［名］ ピンク色

ཤ་ཁྱི shakhi ［名］ 猟犬

ཤ་བདའ sha dâ ［動］ 食用に野生動物を狩る

ཤ་ཕོ shapho ［名］ 雄鹿

ཤ་བ shawa ［名］ トナカイ、鹿

ཤ་བག་ལེབ sha balep ［名］ 肉のサンドイッチ

ཤ་འབུབ shabup ［名］ 蛆

ཤ་མུ shamu ［名］ きのこ

ཤ་སྨན sha’män ［名］ 肉の香辛料、薬味

ཤི་རྐྱེན shiken ［名］ 死、死亡

ཤི་ནི shini ［動］ 死ぬ、亡くなる、消滅する

ཤི་ནི་མེདཔ shini mep ［形］ 不死の、不滅の、不朽の、永続する、永久の

ཤིག shî ［名］ シラミ、寄生虫

ཤིང	shing	[名]	木、植物
ཤིང་སྒྲོ	shingtro	[名]	盆、トレー
ཤིང་གི་ར་ཏོ	shingi rato	[名]	根、根源、根本
ཤིང་གེ་ཏ	shing geta	[名]	リス
ཤིང་ཐོག	shingthô	[名]	果物、果実
ཤིང་འབྲས་ཁུ་བ	shingdrä khuwa	[名]	フルーツジュース
ཤིང་འབྲས་ལྡུམ་ར	shingdrä dumra	[名]	果樹園
ཤིང་རྩ	shingtsa	[名]	根、根源、根本
ཤིང་བཟོ་བོ	shing zowo	[名]	大工
ཤིའུ་ལི	shi'uli	[名]	ジャッカル
ཤེལ	shel	[名]	ガラス
ཤེལ་རྡོ	sheldo	[名]	水晶
ཤེས་ནི	sheni	[動]	知る
ཤོ	sho	[名]	サイコロ
ཤོག་གུ	shôku	[名]	紙
ཤོག་དངུལ	shôk'ngül	[名]	紙幣
ཤོག་བྱང	shôkjang	[名]	カード、券
ཤོག་འཛིན	shôkdzin	[名]	チケット、券
ཤོམ་འདབ	shomdap	[名]	葉
བཤའ་ནི	shâni	[動]	下痢になる
བཤལ་ནི	shälni	[動]	すすぐ、ゆすぐ、

洗い流す

བཤལ་སྐྱུག་ནད།	shälcuk nä	［名］	コレラ
བཤལ་ནད།	shäl nä	［名］	下痢

ས

ས་སྒ	saga	［名］	ショウガ
ས་པག་ཅུང་	sa pakcu	［名］	レンガ
ས་སྤོ་ཏོ	sa pokto	［名］	頭部、頂上部、屋根、山の背
ས་ཕྱོགས	sachok	［名］	位置、場所、方向、方角
ས་བོན	sabön	［名］	種、種子
ས་མར་ཁུ	samarkhu	［名］	ケロシン、灯油
ས་སྨུག	sa'mû	［名］	霧、もや、濃霧、雲
ས་མཚམས	satsham	［名］	国境、境界、領域
ས་ཡིག	sayî	［名］	署名、サイン
ས་ཡོམ	sayom	［名］	地震
སག་ནི	sakni	［動］	使う、使用する
སང་ཕོད	sangphö	［名］	来年
སངས་རྒྱས	sangä	［名］	ブッタ、悟りに達した者

སངས་རྒྱས་ཤ་མུ	sangä shamu	［名］	松茸
སེ་འབྲུ	sedru	［名］	ザクロ
སེང་གེ	senge	［名］	ライオン
སེམས་ཆགས	sem châ	［動］	愛する、恋に落ちる
སེམས་ཐག་གཅད	sem thakcä	［動］	決定する、決断する、決心する
སེམས་ལས་ཡལ	semlä yäl	［動］	忘れる、思い出せない
སེམས་ལེགས་ཤོམ	sem lêshom	［名］	親切な、心の優しい
སེམས་ཤི་ནི	sem shini	［動］	失望する、落胆する、がっかりする、駄目にする、狂わす
སེམས་ཤོར	sem shor	［動］	恋に落ちる
སེམས་ཤོར་སི་སི	sem shorsisi	［形］	魅力的な、人を引きつける
སེམས་གསོ	semso	［名］	慰め、慰謝、悔やみ、哀悼
སེར་ཁ	serkha	［名］	秋、秋季
སེར་ཐང་ཐ	serthangtha	［形］	青ざめた、青白い
སེར་སྦྲང་མ	serjâm	［名］	ミツバチ
སེར་ཤོག་མེ་ཏོག	sersho metô	［名］	マリゴールド

སེརཔོ	sêp	［名］	黄色
སེརལྷ	seu	［名］	あられ、ひょう
སོ	so	［名］	歯、端
སོ་ཁ	sokha	［名］	春、春季
སོག་ལེ	sôle	［名］	のこぎり
སོལ་མོ	sölma	［名］	炭、木炭
སྲནམ་ཙུམ	sämcum	［名］	豆
སྲིངམོ	sîm	［名］	妹
སླབ	'lap	［動］	話す
སློབ་གྲྭ	'lopdrâp	［名］	学生、生徒
སློབ་དེབ	'lopdep	［名］	教科書、教本
སློབ་དཔོན	'lopön/'lobö	［名］	先生、熟練者、家庭教師
སློབ་ཕྲུག	'lopthrû	［名］	学生、生徒
སློབ་སྦྱོང	'lopjong	［名］	勉強、研究、課程、学科、科目、コース
སློབ་ཚན	'loptshän	［名］	授業、レッスン、学課、教授
སློབ་རིམ	'loprim	［名］	学年
གསང་ཆབ	sangchap	［名］	尿、小便、お小水
གསང་གཏམ	sangtam	［名］	秘密、不思議、秘

			訣、密談
གསེར	sêr	［名］	金、黄金
གསེར་ཉ	sêrnya	［名］	金魚
གསོལ་ཆུམ	söchum	［名］	ごはん
གསོལ་ཇ	söja	［名］	お茶
གསོལ་བཏབ	sötap	［動］	祈る、懇願する
བསིལ་དྲོད	sildrö	［名］	温度、気温、体温
བསུ་བ	suwa	［名］	歓迎、歓待、受領

ཧ

ཧ་ལོ་མེ་ཏོག	halo metô	［名］	タチアオイ
ཧུམ་ཙུ	humcu	［名］	レモン
ཧོ་སྒྲེས	hogê	［名］	サラダ
ཧོ་དྲེག	hodrê	［名］	苔
ཧོག་ཀ	hôka	［名］	穴、くぼみ
ཧོད་ཆ	höcha	［名］	皿、用具、家庭用品
ཧོན་ཚོད	höntshö	［名］	ホウレンソウ
ཧོནམོ	höm	［名］	青色
ལྷ་པ	hapa	［名］	鼻
ལྷབ་བཙིར	hap tsî	［動］	鼻をかむ
ལྷམ	lham	［名］	靴、ブーツ

ལྷོ་མོན lhomön ［名］ブータンの旧称

ཨ

ཨ་ཁུ 'akhu ［名］1. まま父、継父
2. 父方の伯父

ཨ་རྒས 'agä ［名］祖父、老人、じいさん

ཨ་ནི 'ani ［代］これ、この

ཨ་ནེ 'ane ［名］父方の叔母

ཨ་ནེམ 'anem ［名］修道女、尼僧、女修道者

ཨ་ནེམ་གྲྭ་ཚང 'anem dratshang ［名］女子修道院

ཨ་པ 'apa ［名］父、父親

ཨ་ཕ 'apha ［副］そこで、あそこで、そこで

ཨ་ཕི 'aphi ［代］それ、あれ

ཨ་བུག 'abû ［名］尻、臀部

ཨ་མ 'ama ［名］母、母親

ཨ་རག 'arâ ［名］アルコール、アルコール飲料、酒

ཨ་རིང 'aring ［名］水田、田んぼ、

段々畑

ཨ་ལུ	'alu	[名]	赤ちゃん、赤ん坊
ཨ་ལུ་སྐྱེ	'alu ke	[動]	出産する
ཨ་ལུ་ཆགས	'alu châ	[動]	思いつく、想像する、妊娠する
ཨ་ལུ་རྨས་སྐྱེས	'alu 'mäkê	[名]	幼児、赤子、乳児
ཨ་ལོ	'alo	[名]	子ども、小児
ཨན་འབྲས	'ândrä	[名]	カキ
ཨམ་ཅུ་ཀུ་ལི	'amcukuli	[名]	マンゴー
ཨམ་ཅུངམ	'amcûm	[名]	まま母、継母、母方の伯母
ཨམ་མཐེ་བོང	'amthebong	[名]	親指
ཨམ་སྲུ	'amsu	[名]	妻、女性
ཨའི	'a'i	[名]	母、母親
ཨར་ཕ་ཀུ་མི	'âukumi	[名]	泥棒、強盗
ཨིང་ལིཤ	'inglish	[名]	英語
ཨེ་ཏོ་མེ་ཏོག	'eto metô	[名]	ツツジ、シャクナゲ
ཨེ་ཕྱལ	'epal	[名]	りんご
ཨེ་བྱེ	'epche	[名]	チリペッパー（混合香辛料）
ཨེ་མ	'ema	[名]	チリペッパー（混合

香辛料)

ཨེ་ཙེ་འོག	'etse og	［名］	脇の下
ཨེ་རྫས	'ezä	［名］	唐辛子の漬物
ཨེ་ཤི་ཡ	'eshiya	［名］	アジア
ཨེན་རྡོག	'endô	［名］	カブ
ཨེན་ཙེ	'entse	［名］	まな板
ཨོ་ཇ	'oja	［名］	ミルクティー
ཨོ་རོག	'orô	［名］	ワタリガラス
ཨོ་ལ	'ola	［名］	カラス
ཨོམ	'om	［名］	牛乳、ミルク
ཨོམ་དཀྲུག	'om chok	［動］	乳を搾る
ཨོམ་སོ	'omso	［名］	ソックス、靴下
ཨོལ་སྐོག	'ökô	［名］	喉、咽喉、気管、食堂

目録進呈/落丁本・乱丁本はお取替えいたします。

平成28年10月20日　©第 1 版発行

編　者	西　田　文　信
発行者	佐　藤　政　人

発　行　所

株式会社　大　学　書　林

東京都文京区小石川4丁目7番4号
振替口座　00120-8-43740
電話 (03) 3812-6281〜3番
郵便番号 112-0002

ゾンカ語基礎一五〇〇語

ISBN978-4-475-01121-1　　開成印刷・常川製本

大学書林
語学参考書

著者	書名	判型	頁数
今枝由郎 著	ゾンカ語口語教本	Ａ５判	176頁
星実千代 編	チベット語会話練習帳	新書判	208頁
小泉　保 著	言語学とコミュニケーション	Ａ５判	228頁
小泉　保 著	改定音声学入門	Ａ５判	256頁
下宮忠雄編著	世界の言語と国のハンドブック	新書判	280頁
大城光正 吉田和彦 著	印欧アナトリア諸語学説	Ａ５判	392頁
千種眞一 著	古典アルメニア語文法	Ａ５判	408頁
小沢重男 著	蒙古語文語文法講義	Ａ５判	336頁
津曲敏郎 著	満州語入門20講	Ｂ６判	176頁
小泉　保 著	ウラル語統語論	Ａ５判	376頁
池田哲郎 著	アルタイ語のはなし	Ａ５判	256頁
黒柳恒男 著	ペルシア語の話	Ｂ６判	192頁
黒柳恒男 著	アラビア語・ペルシア語・ウルドゥー語対照文法		336頁
大野　徹 編	東南アジア大陸の言語	Ａ５判	320頁
チャンタソン 吉田英人 著	ラオス語入門	Ａ５判	302頁
坂本恭章 著	タイ語入門	Ｂ６判	852頁
坂本恭章 著	カンボジア語入門	Ｂ６判	574頁

―目録進呈―